어른이 되는 — 흐름의 기술

어른이 되는 흐름의 기술

마가 지음

힘든 감정을 흘려보내고 마음의 주인으로 사는 법

불광출판사

목차

여는글　멈춘 곳에서 다시 흐르는 삶 ... 8

1　**아픔은 배신하지 않는다: 상처는 스승**

　　　나를 깨우는 종소리 ... 18
　　　얼굴을 깎은 조각칼 ... 24
　　　슬픔을 껴안는 지혜 ... 29
　　　넘어진 그 자리에서 ... 34
　　　낯선 손님의 방문 ... 39
　　　돛을 다루는 방법 ... 44
　　　이 또한 지나가리라 ... 49
　　　살아 있는 모든 순간 ... 53
　　　오늘의 명상 ● 고요한 숨 | 자기 사랑

2 사이에서 배우는 것들: 나를 닦는 거울, 인연

서로 비스듬히 기대어 ... 68
인연이 건네는 초대 ... 74
무지개가 아름다운 이유 ... 79
뜻이 맞지 않는 사람 ... 84
억울함이라는 감정 ... 89
'같이'의 '가치' ... 94
부처의 눈엔 부처가, 돼지의 눈엔 돼지가 ... 98
사랑이 남긴 흔적 ... 103

오늘의 명상 • 참회 | 자비와 용서

3 막힌 곳은 뚫고 꼬인 것은 풀고: 화를 다스리는 길

화, 이해하고 내려놓기 ... 118
킬링(Killing)해야 힐링(Healing) ... 123
나도 태우고 남도 태운다 ... 128
손가락질할 때 세 손가락 ... 134
막힘을 푸는 지혜 ... 138
남이 님이 되고, 악은 약이 도고 ... 143
생각한 대로 마음먹은 대로 ... 147

오늘의 명상 • 마음 | 감정

4 덜어낼수록 더 깊어진다: 비움의 기술

발목까지 차오른 물 ... 160
각설탕 하나 빨래집게 하나 ... 166
내려놓음의 용기 ... 171
비워야 채울 수 있다 ... 175
욕망은 불씨, 탐욕은 불 ... 179
겸손은 힘들어 ... 183
오늘의 명상 • 내려놓음

5 그래도 괜찮아: 이만해서 다행이야

마음이 피우는 꽃 ... 196
불행을 쥔 손부터 펴기 ... 201
미고사 삼사순례 ... 206
제주도보다 아름다운 섬 ... 211
삶이란 원고지 ... 215
향 싼 종이와 생선 묶은 새끼줄 ... 220
우선순위 ... 225
내 인생 최고의 작품 ... 230
오늘의 명상 • 감사

6 **밥 한 숟가락에 깃든 마음: 나눔과 공양**

날씬한 몸매와 굶주린 배 … 240

영웅본색과 가난한 여인의 등불 … 246

밥 한 숟가락 … 253

한 끼에 깃든 마음 … 258

그릇을 비우는 연습 … 263

오늘의 명상 • 공양

7 **모든 것은 흐른다: 물처럼, 바람처럼**

샤헤일루 … 274

인도(India)와 인도(人道) … 279

한 마리 개와 목줄 … 284

물처럼, 바람처럼 … 289

거울은 먼저 웃지 않는다 … 294

세상에서 가장 위대한 춤 … 299

달도 차면 기운다 … 304

모든 것은 흐른다 … 309

오늘의 명상 • 인연 | 인과

닫는글 흐름의 끝에서 … 324

부록 참회·감사·사랑 일기 | 108 마음약방+미고사 세트 … 328

여는 글

멈춘 곳에서 다시 흐르는 삶

삶은 늘 질문을 던집니다.

"나는 누구인가?"

"어떻게 살아야 하는가?"

"무엇이 진정한 행복인가?"

이 질문들은 단순한 호기심이 아니라, 존재의 본질을 향한 갈망입니다. 그리고 그 갈망은 때때로 고요한 산사에서, 눈물 어린 명상 속에서, 누군가의 따뜻한 말 한마디에서 답을 얻기도 합니다. 이 책은 그런 질문들과 마주하며 제가 걸어온 내면의 여정을 담은 기록입니다. 삶의 굴곡 속에서 길을 잃을 때마다, 저는 이 질문들 앞에 다시 서게 되었고, 그때마다 부처님의 가르침은 저를 일으켜 세우는 등불이었습니다.

마음의 평화를 찾기 위한 여정 속에서 자비명상을 만났습니다. 자비명상은 단순한 수행이 아니라, 나 자신을 있는 그대로 바라보고 존중하는 연습이었습니다. "나 자신이 행복하기를, 건강하기를, 평안하기를 바랍니다." 그렇게 시작된 자비의 기도는 점차 가족과 친구 그리고 세상 모든 존재에게로 확장되었습니다. 그 확장은 곧 내 마음의 확장이었고, 삶의 깊이를 더해주는 경험이었습니다.

자비명상을 통해 저는 부족함과 실수, 상처까지도 나의 일부로 받아들이는 법을 배웠습니다. 자비는 타인을 향한 따뜻함이기도 하지만, 그 시작은 언제나 나 자신을 향한 연민에서 비롯된다는 것을 알게 되었습니다. 나를 용서하고, 타인을 용서하며, 삶의 모든 순간을 있는 그대로 받아들이는 태도는 단순한 수행을 넘어 삶의 방식이 되었습니다.

그 자비의 씨앗이 자라난 곳이 바로 굴암사와 미고사였습니다. 굴암사는 고요한 안식처였고, 미고사는 따뜻한 인연의 공간이었습니다. 굴암사에서는 자연과 하나 되는 경험을 했습니다. 나무 사이로 스며드는 햇살, 바람에 흔들리는 기와의 소리 그리고 그 속에서 마주한 나 자신. 자연은 말없이 가르쳤습니다. 있는 그대로 존재하는 것의 아름다움, 변화와 무상의 진리, 모든 것이 연결되어 있다는 사실을 보여 줬습니다. 미고사에서는 사람과 사람 사이의 따뜻한 인연을 느꼈습니다. 모두의 마음속에 존재하는 미고사에서 말없이 차 한 잔 건네고, 조용히 마음을 산책하며, 눈빛으로 위로를 나눴습니다. 그 모든 순간이 제 마음에 깊은 울림을 남겼고, 이 책의 문장 하나하나에 스며들어 있습니다.

 그렇습니다. 저는 굴암사의 새벽 공기 속에서, 미고사의 맑은 종소리 속에서 멈추는 법을 배웠습니다. 멈추어야 들을 수 있는 소리, 멈추어야 볼 수 있는 진실, 멈추어야 만날 수 있는 나…. 그곳에서 저는 삶의 본질과 마주했고, 그 만남은 제 글의 시작이 되었으며, 삶은 다시 흐르기 시작했습니다.

    이 책을 쓰는 동안 자비명상 중에 흘린 눈물, 굴암사에서의 침묵, 미고사에서의 인연들이 떠올랐습니다. 그것들은 모두 제 삶의 조각들이며, 이 글을 통해 독자 여러분과 그 조각들을 나누고 싶었습니다. 바쁜 일상에서 잠시 멈추어 자신의 마음을 들여다보는 시간이 되기를 바랍니다. 그리고 그 시간 속에서 자비와 지혜의 씨앗이 조용히 행복과 희망으로 피어나고 삶이 다시 흐르기를⋯. 이 책에서 저는 완성된 답을 드리지는 못하지만, 질문하고 바라보는 여정을 함께 하겠습니다.

이 책이 세상에 나올 수 있도록 도와주신 분들께 깊은 감사의 마음을 전합니다. 무엇보다 이 모든 여정의 시작이 되어 주신 부처님께 감사드립니다. 부처님의 가르침은 제 삶의 등불이었고, 어둠 속에서도 길을 잃지 않게 해주셨습니다. "모든 존재는 고통을 피하고자 한다"는 말씀은 제게 큰 울림이었고, 타인의 고통을 외면하지 않는 삶을 살고자 하는 다짐이 되었습니다.

    굴암사와 미고사에서 함께 수행하며 따뜻한 인연을 나누어주신 모든 분께도 감사드립니다. 이름을 다 적을 수는 없지만, 그분들의 미소와 침묵, 나눔은 제 마음속에 깊이 새겨져 있습니다. 함께 걷던 산길, 함께 들었던 법문, 함께 나눈 침묵의 시간들이 이 책의 배경이 되었고, 제 삶을 더욱 풍요롭게 만들어 주었습니다.

　마지막으로, 이 책이 세상에 나올 수 있도록 아낌없는 조언과 격려를 보내 주신 불광출판사 편집부와 최호승 님께 진심으로 감사드립니다. 글을 쓰는 과정에서 흔들릴 때마다 따뜻한 말 한마디로 다시 중심을 잡았고, 이 책이 온전히 빛날 수 있도록 세심하게 이끌었습니다. 출판이라는 여정은 기술이 아니라 마음과 마음이 만나는 작업임을 느꼈습니다.

지금, 여기, 이 순간, 우리가 함께 머무는 이 자리가 곧 새로운 시작이기를…. 이 책이 독자 여러분께 작은 위로와 성찰의 시간이 되기를 그리고 그 성찰이 삶의 방향을 조금이라도 따뜻한 쪽으로 이끌어 주기를 바랍니다.

　삶이 유한하기에, 제가 이렇게 살아갈 수 있도록 도와준 모든 인연 있는 사람에게 감사의 마음을 담아, 보현행원으로 회향하고자 합니다. 그 길 위에서 만나는 모든 존재에게 자비의 마음으로 다가가겠습니다.

이 책이 그 자비의 씨앗 중 하나가 되기를 조용히 기도합니다.

2025년 12월
안성 굴암사 바위 밑에서
마가 합장

오늘, 나 자신에게 말해 주세요.
"나는 나를 사랑합니다."
그 말이 당신의 하루를
그리고 당신의 삶을
조금 더 빛나게 만들어 줄 것입니다.

- 마가

"내가 행복하기를, 내가 자유롭기를, 내가 평온하기를…."
아침의 고요 속에서 숨을 깊게 들이쉬고 천천히 내쉬며,
오늘의 중심을 세웁니다.

1
아픔은 배신하지 않는다

상처는 스승

나를 깨우는 종소리

"왜 내게만 이런 일이 생기는 걸까?"

누구나 한 번쯤 그렇게 묻습니다. 삶이 벽처럼 앞을 가로막을 때, 그 벽의 이름은 대개 '고통'입니다. 저도 젊은 시절엔 그 벽 앞에서 수없이 주저앉았습니다. 세상과 나 자신이 미웠습니다. 그때는 몰랐습니다. 고통은 나를 멈추게 하지만, 멈춘 자리에서만 길이 열린다는 것을….

출가 전의 저는 자신을 부정한 사람이었습니다. 미움과 분노, 억울함이 마음의 주인이 되어 있었습니다. 그런 고통이 마음을 짓누르는 무게는 삶을 버겁게 했습니다. 아무런 연고도 없는, 집에서 가장 먼 곳이라고 생각한 오대산으로 향했습니다. 고통으로 가득한 마음과 달리 오대산은 새하얀 눈밭이었습니다. 그곳에서 스스로를 버리려 했습니다. 아득해져 가는 저 자신을 느끼며 머지않아 눈꺼풀이 무겁게 내려앉았습니다.

노스님 한 분이 불꽃이 꺼져가던 생명을 월정사로 급하게 옮겼습니다. 제가 의식을 되찾자, 그 스님은 3일 만에 깨어났다며 이렇게 말했습니다.

"다시 태어났으니, 남은 생은 부처님께 바치시게."

그날, 저는 눈을 떴습니다. 스님의 말은 오대산 찬바람의 시린 기억이 생생하던 제 마음속에 뜨거운 불을 피웠습니다. 그 말이 제 인생의 방향을 바꿨습니다. 고통은 나를 징벌하기 위해 온 것이 아니라, 새롭게 깨어나라고 밀어주는 바람이었습니다.

그 후로 저는 고통을 피하려고 하지 않았습니다. 대신 고통을 바라보는 연습을 시작했습니다. 마음이 흔들릴 때마다 그 흔들림의 근원을 찾아 숨을 들이쉬었습니다. 호흡은 고통의 반대편에 있는 평화였습니다. 숨은 늘 지금, 이 순간에 있었고 그 순간마다 나를 살리고 있었습니다. 그래서 고통은 더 이상 적이 아니었습니다. 그것은 나를 깨우는 종소리였습니다.

템플스케이를 진행하면서 많은 얼굴과 마주했습니다. 성과를 좇으며 달리던 삶이 의지를 잃어버린 듯한 초췌한 얼굴, 겉은 멀쩡하지만 속은 비어 있는 공허한 얼굴…. 그들의 삶을 멈춰 세운 건 고통이 아니라 고통을 대하는 태도였습니다.

　　그래서 우리는 일단 멈췄습니다. 그 멈춤은 숨 한 번, 절 한 번이었습니다. 멈추면 지금이 보이고, 지금을 보면 내가 보이고, 내가 보이면 다시 흐를 수 있는 방향이 보입니다. '입가엔 미소, 마음엔 평화'라는 말이 왜 필요한지 비로소 가슴에 와닿았습니다. 멈춰야만 고통이 어디서 오는지, 어디로 사라지는지, 무엇을 남기는지 볼 수 있습니다. 그래야 흘러갈 수 있습니다.

　　저는 자주 "과거를 알고 싶거든 오늘 닥친 일을 보고, 미래를 알고 싶거든 오늘 내가 하는 언행을 보라"고 말합니다. 고통은 결과이면서 다시 원인이 됩니다. 아픈 일을 부정과 원망으로만 받아들이면 더 큰 고통의 씨앗을 심습니다. 두 번째 화살을 맞는 셈입니다. 피할 수 없는 고통은 이미 일어난 돌이킬 수 없는 사실(=첫 번째 화살)입니다. 거기에 빠져들어 부정적 감정(=두 번째 화살)을 키운다면, 스스로 자신에게 화살을 쏘아대는 것이지요.

'깨달음의 노래'로 널리 알려진 『법구경』에서는 "스스로 악을 행하여 스스로 더러워지고, 스스로 악행을 그쳐 스스로 청정해진다"고 했습니다. 그 누구도 대신할 수 없고, 자신을 구원하는 것은 오직 자기 자신에게 달렸다는 가르침입니다. 고통의 원인도, 고통의 끝도 모두 나 자신에게 달려 있다는 것은 오래된 사실입니다.

회사 상사에게 아픔을 겪은 한 청년이 절에 찾아온 적이 있습니다. 사연을 밝히진 않았지만 침울한 표정만으로도 그의 고통을 충분히 알 수 있었습니다.

"스님, 마음이 너무 괴롭습니다. 모든 게 제 탓 같아요. 그런데 너무 억울합니다."

"고통은 누구의 잘못이 아닙니다. 스스로 부정적 감정을 만들어서 두 번째 화살에 맞지 않아야 합니다."

그는 한참을 울었습니다. 며칠 뒤 다시 찾아온 그는 말했습니다.

"이미 벌어진 일을 자책하고 후회하지 않으려고 합니다."

자신을 모질게 대하는 상사를 내 뜻대로 바꿀 수도 없고 전부 이해할 수도 없습니다. 다만 모진 언행이 고통으로 다가올 때, 부정적 감정을 키우지 않는 연습으로 고통의 벽을 넘어선 것이지요.

이 청년처럼 고통의 벽 앞에서 멈추어 선 이들을 만나면 저는 이런 말을 건네곤 합니다.

"벽은 나를 막는 게 아니라 기대라고 있는지도 모릅니다."

벽에 등을 기대면, 비로소 발끝에 길게 드리운 내 그림자가 보입니다. 그림자는 자신이 만든 부정적 생각과 감정들입니다. 그 그림자를 직면해야 자신을 이해할 수 있습니다. 그림자를 외면하면, 고통은 계속 나를 부릅니다.

불교에서는 "어디에도 머무르지 않고 그 마음을 내라"고 일러 줍니다. 고통을 없애려 하지 않고, 고통 위에서 마음을 내는 연습. 머무르지 않되 도망치지 않는 자세. 그것이 자비의 시작입니다.

저는 종종 명상 중에 이런 생각을 합니다. '이 고통이 내게 온 이유는 무엇일까?' 그 물음에 답은 없습니다. 하지만 물음 그 자체가 내 그림자를 살피는 수행이 됩니다. 묻는 동안 마음은 분노에서 탐색으로, 탐색에서 관찰로, 관찰에서 감사로 변해갑니다. 변화는 흐름입니다. 분노에서 멈춘 마음이 탐색으로, 탐색에서 관찰로, 관찰에서 감사로 흘러가는 것이지요.

한 어머니는 자식을 잃고 나서도 매일 절을 찾았습니다.
"스님, 이제는 울지 않아요. 그냥 그 아이 이름을 부르면 미소가 나옵니다."
그 얼굴에는 슬픔이 아닌 온기가 깃들어 있었습니다. 그녀는 슬픔을 밀어내지 않고 품었습니다. 품는다는 건, 버티는 게 아니라 함께 숨 쉬는 일입니다. 그 숨이 쌓여, 삶은 다시 흘러갑니다.

고통은 멈추게 하지만, 그 멈춤 안에는 배움이 있습니다. 고통은 상처처럼 보이지만, 그 상처가 우리를 사람답게 만듭니다.

살다 보면 누구나 넘어집니다. 그러나 넘어져 누운 그 자리에서 하늘을 바라볼 수 있다면, 그 멈춤은 깨달음의 순간입니다.

고통은 내 삶을 부수는 망치가 아니라, 마음을 단단히 다듬는 연장입니다. 멈춘 자리에서 길을 보고, 그 길 위에서 나를 다시 돌아보고 고개를 들어 흘러갈 방향을 바라보세요. 그 길의 이름이 바로 '성장'입니다.

얼굴을 깎은 조각칼

거울을 보니, 예전엔 없던 주름 하나가 눈가에 앉았습니다. 처음엔 낯설었지만, 오래 바라보니 그 사이로 지나온 계절이 보이더군요. 사랑했던 시간, 놓아야 했던 순간 그리고 버텨낸 밤들이 굵은 선으로 새겨져 있었습니다. 시련의 흔적은 부끄러움이 아니라 내가 걸어온 길을 증명하는 서사입니다. 저는 주름을 탓하기보다, 그 주름을 만든 마음의 결을 살피기로 했습니다. 무엇이 나를 단단하게 했고, 무엇이 나를 부드럽게 했는지, 어떤 말과 생각이 지금의 표정을 만들었는지 되짚었습니다.

시간이 흐른 뒤에야 알았습니다. 고통을 지나온 순간순간의 흐름이 제 얼굴을 빚어왔다는 사실을요. 젊은 날엔 그저 피곤과 불안의 흔적으로만 여겼던 주름이, 지금은 제 마음과 삶의 이력이 되었습니다. 그 주름마다 눈물이 스며 있고, 그 눈물은 제 삶을 다듬었습니다. **시련은 내 삶을 무너뜨린 게 아니라, 내 얼굴을 단단하게 깎아낸 조각칼이었습니다.**

수행의 여정에서 여러 번 흔들리기도 했습니다. 기대가 꺾일 때, 계획이 무너질 때, 몸이 뜻대로 따라 주지 않을 때, 저는 '지금 여기'를 놓치고 과거에 숨거나 미래로 달아났습니다. 수십 번의 시행착오를 겪고 나서야 깨달았습니다. 후회와 불안은 내가 만든 이야기였고, 그 이야기를 다시 이어 붙여서 괴로움을 키운 사람도 나였습니다.

모든 것은 흐릅니다. 피면 지고, 차오르면 기울고, 시작하면 끝이 옵니다. 이 단순한 진실을 잊을 때, 우리는 작은 파도에도 뒤집힙니다. 그래서 저는 시련 앞에서 흐름을 막지 않으려 합니다. 바람이 불면 걸음을 늦추고, 마음의 날씨에 맞춰 호흡을 낮춥니다. 들숨에 "괜찮습니다", 날숨에 "보내겠습니다"를 붙이면 어깨의 힘이 풀립니다.

나를 괴롭히는 건 사건이 아니라, 그 사건을 붙잡아서 매달리던 집착의 매듭입니다. 첫 직장에서 고배를 마신 청년이 있었습니다. 그는 자신을 '쓸모없는 사람'이라고 불렀습니다. '쓸모없다'는 생각에 집착하는 그에게 저는 물었습니다.

"정말 당신이 실패했습니까? 아니면 당신의 시도가 실패했습니까?"

실패는 사람의 본질이 아니라 한 번의 결과일 뿐입니다. 모든 것이 흐르듯 결과는 바뀝니다. 그는 저녁마다 작은 의식을 만들었습니다. 오늘 잘한 점 한 가지, 배운 점 한 가지, 내려놓을 집착 한 가지를 적었습니다. 한 달 뒤, 그가 다시 찾아와 고백했습니다.

"아직 성공한 것은 아니지만, 더 이상 저를 '쓸모없다'고 생각하지 않기로 했습니다."

출가 초, 모든 일이 뜻대로 되지 않음을 배웠습니다. 기도를 올리면 응답이 있을 줄 알았지만, 돌아온 것은 침묵뿐이었습니다. 그 침묵 속에서 저는 '기다림'이라는 태도를 배웠습니다. 기다림은 고요한 기도였습니다. 아무도 알아주지 않는 기다림의 시간, 그 시간이 제 얼굴에 첫 주름을 새겼습니다. 그 주름을 가릴 수는 없었지만, 그 안엔 평화가 자라기 시작했습니다.

사업에서 실패했다는 중년 남성이 찾아와 수심 깊은 얼굴로 어렵게 말을 꺼냈습니다.

"스님, 제 삶이 끝난 것 같습니다."

그는 흐느꼈습니다. 이후 매일 절을 찾아와 참회 기도를 올렸습니다. 몇 달이 지난 뒤 다시 마주한 그의 얼굴은 눈에 띄게 달라져 있었습니다.

"스님, 고통이 조금씩 투명해집니다. 여전히 힘들지만, 그 안에 무언가 있는 것 같습니다."

그는 고통을 없애려 하지 않았습니다. 대신 고통 속에서 자신을 들여다보았습니다. 그의 얼굴엔 두려움이 잦아들고, 고요함이 스며들었습니다. 시련이 주는 진짜 변화는 회복이 아니라 흐름입니다. 단단함에서 부드러움으로 옮겨가는 일, 그것이 수행의 얼굴입니다.

우리는 "시간이 해결해 준다"는 말을 자주 합니다. 절반은 맞고 절반은 틀렸습니다. 시간을 그냥 보낸다고 시련은 해결되지는 않습니다. 시간을 좋은 원인으로 채울 때 시간이 결과를 맺습니다. 좋은 원인은 거창하지 않습니다. 제때 자고 먹고 멈추고 미소 짓는 일, 제때 사과하고 감사하는 일입니다.

이런 소소한 원인이 모이면 마음의 근력이 생깁니다. 근력이 쌓이면 시련은 더 이상 바깥의 사건이 아니라 안쪽의 연습이 됩니다. 그때 얼굴의 주름은 초조의 흔적이 아니라 연민의 자국이 됩니다. 내가 겪은 아픔만큼 타인의 아픔을 더 빨리 알아채는 눈빛이 됩니다. "아프냐? 나도 아프다"라는 인기 드라마의 대사처럼 동체대비의 시작이 되기도 합니다.

세월이 흐르면 누구나 늙습니다. 어떤 얼굴은 무너짐 속에서도 편안하고, 어떤 얼굴은 화려함 속에서도 고단합니다. 그 차이는 시련을 어떻게 지나왔느냐에 있습니다. 시련을 부정하지 않고 통과한 사람의 얼굴엔 잔잔한 빛이 흐릅니다. 그 빛은 화장으로 덧입혀지는 게 아니라, 마음의 수양으로 스며드는 빛입니다.

저는 요즘 거울을 보며 미소 짓는 연습을 합니다. 이제는 젊은 날의 단단함보다, 흔들릴 줄 아는 얼굴이 좋습니다. **세월이 제게 준 가장 큰 선물은, 시련을 통해 부드러움을 배우게 한 것입니다.** 오늘도 거울 앞에서 합장합니다.

"이 얼굴이 나의 공부입니다."

시련을 지나온 얼굴엔 평화가 있습니다. 그 평화는 상처가 남긴 무늬이자, 세상을 다시 바라보는 눈빛입니다. 당신의 얼굴에도 시련을 지나온 평화가 조금씩 피어나길 바랍니다.

슬픔을 껴안는 지혜

"어떻게 하면 이 슬픔을 잊을 수 있을까요?"

슬픈 마음이나 느낌, 이런 정신적 고통이 지속되면 슬픔이라고 부릅니다. 사람들은 슬픔을 견디지 못해 어떻게 잊느냐고 묻습니다. 이렇게 되물어 봅니다.

"정말 잊는 것이 지혜일까요?"

슬픔은 잊는 게 아니라 껴안는 일입니다. 기억 속에서 사라지게 하는 게 아닙니다. 그 안에서 나를 다시 발견하는 일입니다. 그래서 슬픔은 마음의 어둠이 아니라, 마음의 깊이를 드러내는 빛이기도 합니다.

저 역시 한때는 아픔을 피하려 했습니다. 누군가를 잃고, 관계가 틀어지고, 신뢰가 무너질 때마다 그 감정을 외면하려 애썼습니다. 그러나 외면할수록 고통은 커졌습니다. 가까운 가족과의 관계가 틀어지면 슬픔은 더 커집니다. 스님이 되고 20년 뒤에야 깨달았습니다. 출가 후 처음 찾아온 아들에게 아픈 어머니가 몸을 일으켜 밥상을 차려 줄 때, 가족을 버리고 떠난 아버지에 대한 증오를 내려놓고 용서할 때, 저는 비로소 알게 된 것입니다. 슬픔은 밀어낼수록 자라나고, 바라볼수록 작아집니다. 마음을 다해 울어본 뒤에야 알았습니다. 눈물은 약함의 증거가 아니라, 치유의 시작이었습니다.

절을 찾은 어느 중년 여성은 병상에서 남편을 떠나보낸 뒤 매일 새벽 예불을 드렸습니다. 그녀는 말했습니다.

"스님, 울다 보니 어느 순간 기도가 됐습니다."

울음은 고통의 언어가 아니라, 마음이 자신을 달래는 방식이었습니다. 그녀의 얼굴에는 평화가 깃들어 있었습니다. 눈물이 기도가 되는 순간, 슬픔은 더 이상 고통이 아닙니다.

슬픔도 강물처럼 흐릅니다. 고이면 썩고, 흘리면 맑아집니다. 저는 법회에서 "눈물은 괜찮습니다. 그 눈물로 자신을 씻으세요"라고 말합니다. 슬픔이 차오를 땐 들숨에 "감사합니다", 날숨에 "편안하기를…"을 반복하라고 합니다. 숨과 함께 슬픔을 바라보면, 그것이 나의 일부였음을 알게 됩니다. 연약함, 그리움, 미안함 등 모두 그 안에 있습니다.

때론 공허한 백 마디 말보다 묵직한 침묵이 도움이 되기도 합니다. 말로 위로할 수 없는 고통과 슬픔이 있습니다. 그럴 땐 말 대신 숨으로, 눈물 대신 호흡으로 기도해야 합니다. 바로 '침묵의 기도'이자 명상입니다.

템플스테이에서 만난 중년 남성은 어린 나이에 어머니를 잃었다고 했습니다. 마음속에 분노와 공허를 안고 여태껏 살아왔습니다.

"저는 늘 마음이 텅 비어 있는 것 같습니다. 알맹이가 다 빠져나가 버린 것 같아요."

"어머니를 주어로 놓고 들숨에 '감사합니다', 날숨에 '편안하기를' 하고 반복해 보세요. 다만 억지로 어머니의 모습을 떠올릴 필요는 없습니다. 그렇게 호흡으로 자신의 슬픔을 바라보면, 분명 달라질 겁니다."

긴 시간이 걸릴 줄 알았습니다. 하지만 그는 눈을 감고 명상하는 동안 처음으로 어머니를 떠올렸습니다. 명상 후 그는 조용히 말했습니다.

"어머니가 미워서 울었는데, 이제는 그리워서 울었습니다."

눈빛이 달라져 있었습니다. 진정한 슬픔은 미움이 조용히 사라진 슬픔입니다. 그때부터 그는 매일 아침, 어머니 이름을 부르며 감사의 기도를 드렸습니다. 템플스테이가 끝나고 한참 뒤 다시 만난 그는 이렇게 말했습니다.

"어머니의 빈자리가 이제는 제 안에서 기도하는 자리가 됐습니다."

삶이 뜻대로 되지 않을 때, 우리는 '왜 나에게만 이런 일이 일어날까?'라고 묻습니다. 하지만 슬픔은 누구에게나 옵니다. 누군가에게는 그것이 병으로, 누군가에게는 이별로, 또 다른 누군가에게는 외로움으로 다가옵니다. 차이는 슬픔의 크기가 아니라, 그 슬픔을 바라보는 태도에 있습니다. 마음이 넓어질수록 슬픔은 작아집니다. 마음이 슬픔을 껴안을 때, 그 순간부터 마음은 부처의 품이 됩니다.

출가 이후 저는 슬픔을 수행의 문으로 보게 되었습니다. 슬픔은 세상의 불완전함을 알려주는 부처님의 메시지였습니다. **그 불완전함을 인정하는 순간, 우리는 비로소 자신과 타인의 고통을 이해할 수 있습니다.** 자신의 상처를 감추지 않고 드러낼 때, 타인의 아픔에 닿을 수 있습니다. 그것이 자비의 시작이었습니다.

불교에서 말하는 자비는 남을 불쌍히 여기는 마음만을 말하는 게 아닙니다. '타인의 고통이나 슬픔을 함께 아파하는' 연민입니다. 그래서 불교는 "모든 중생의 괴로움을 내 괴로움으로 여기라"고 가르칩니다. 슬픔은 자비로 들어가는 하나의 문일 수 있습니다. 자비는 웃는 얼굴로 고통을 감싸는 힘입니다.

그 웃음은 위로가 아니라 이해에서 피어납니다. 자세히 그리고 오래 보아야 이해되고, 진정 이해할 수 있다면 사랑하고 껴안을 수 있습니다.

슬픔을 껴안는 일은 타인을 위로하기 전에 나 자신을 위로하는 일입니다. 내 상처를 부정하지 않을 때, 타인의 상처도 온전히 보입니다. 자신의 눈물과 화해한 사람만이 세상을 따뜻하게 품을 수 있습니다.

슬픔을 두려워하지 마세요. 그 슬픔이 당신을 세상과 연결합니다. 오늘, 슬픔을 손님처럼 맞이해 보세요. "당신 덕분에 내가 사랑의 마음을 배웁니다." 그렇게 인사하면, 슬픔은 원망의 손님이 아니라 깨달음의 스승이 됩니다. 내일이 오면 손님은 조용히 떠날 것입니다. 손님이 떠난 자리에 고요와 평화가 앉아 있을 것입니다.

넘어진 그 자리에서

"가족도, 이 세상도, 부처님도 저를 버리신 것 같습니다."

세 번의 창업 실패 끝에 모든 것을 잃은 사람이 절을 찾아왔습니다. 울먹거리며 말을 이어가던 그에게 가만히 물었습니다.

"그 실패가 당신을 어디로 데려왔습니까?"

"아…, 지푸라기라도 잡고 싶었습니다. 그 심정이 저를 이 절로 그리고 스님 앞으로 오게 했네요."

실패가 그의 발걸음을 수행으로 이끈 것입니다. 그는 매일 새벽 예불 30분 전에 명상을 하기 시작했습니다. 한 달쯤 지났을까요. 다시 찾아와 이렇게 말했습니다.

"아직 다시 시작할 용기는 없습니다. 다만 실패에 좌절한 저를 안아줄 용기가 생겼습니다."

실패는 그를 세상 밖으로 밀어낸 것이 아니라, 자신 안으로 데려왔습니다. 아마 삶에서 가장 두려운 단어가 있다면 '실패'일 것입니다. 어릴 때부터 우리는 넘어지면 다친다고 배웠고, 잘못하면 혼난다고 배웠습니다. 넘어지지 않으려고, 잘못하지 않으려고 애쓰고 신경 쓰며 살아왔습니다. 그래서 실패는 두려움의 이름이 되었습니다. 꼭 그럴까요? 제가 수행의 길 위에서 만난 **실패는 내가 어디에 서 있는지를 알려주는 표지판이었습니다.**

출가 전 세상 속에서, 출가 후 절집에서 수행자로서 치열하게 살았습니다. 인정받고 싶고, 잘하고 싶어 열심히 노력했지만, 결과는 번번이 기대와 어긋나기도 했습니다. 뜻대로 되지 않는 일들이 쌓이면 분노와 좌절이 밀려왔고, 마음속에서 '이대로는 안 된다'는 위기감의 목소리가 들려오기도 했습니다. 그 목소리는 살아갈 방향이 보이지 않는다는 두려움이었습니다. 넘어지지 않기 위해 애쓰는 자신이 정작 왜 걷고 있는지도 모른 채 달리고 있었던 겁니다.

보조국사 지눌 스님의 『정혜결사문』엔 "인지이도자(因地而倒者) 인지이기(因地而起)"라는 말이 나옵니다. "땅에서 넘어진 자 땅을 짚고 일어난다"는 불교의 오랜 지혜입니다. 땅 때문에 넘어졌으면, 다시 땅 덕분에 일어설 수 있다는 말이지요. '위기는 곧 기회', '실패는 성공의 어머니'라는 격언과 같은 맥락입니다.

이 가르침이 제 마음속에 깊이 다가왔습니다. 실패는 내 안의 교만을 깎고, 두려움을 비추는 거울이 되기도 합니다. 법회에서 만난 한 젊은 직장인은 이렇게 고백했습니다.

"스님, 이번에도 승진에서 떨어졌습니다. 모든 게 허무합니다."

저는 생각의 방향을 살짝 돌려보기로 했습니다. 어쩌면 본질을 마주할 수 있는 계기가 되니까요.

"당신이 실패한 게 아니라, 당신이 세운 기대가 실패한 겁니다. 지금, 당신은 진짜 공부를 시작한 겁니다."

그는 고개를 들었습니다. 일기를 쓰기 시작했고, '왜' 대신 '무엇을 배웠는가?'를 적었습니다. 시간이 얼마나 지났을까요. 그는 자신도 모르는 사이에 달라져 있었습니다.

"스님, 실패는 여전히 아픕니다. 하지만 그 아픔이 제게 인생의 방향을 알려줬습니다."

하지만 인생이 술술 풀릴 때, 자신이 건강하고 행복하다고 느낄 때, 조심해야 합니다. 생각하는 대로 살지 않고 사는 대로 생각하게 됩니다. 깎이고 소모되는 자신을 돌아보지 않습니다. 안타깝지만, 실패의 자리에 앉아 있을 때, 비로소 우리는 자신과 마주합니다.

한 기업 명상 프로그램에서 만난 임원은 오랜 시간 성과

중심의 경쟁 속에 살아왔습니다. 노력은 결과를 가져왔고 나름대로 성과를 인정받았던 그가 회사를 그만둔 뒤, 제게 가만히 고백했습니다.

"스님, 사람들이 저만 찾고 저에게 박수를 보낼 때는 제가 누구인지 몰랐습니다. 아무도 제 이름을 불러주지 않을 때, 그때 처음 저 자신을 부르고 저 자신과 이야기를 나눴습니다."

실패나 실패의 고통을 받아들이려는 태도는 우리를 성장하게 만듭니다. **근육이 통증을 통해 성장하듯, 마음도 실패의 고통을 통해 단단해지기도 합니다.** 돌이켜보면, 실패의 자리는 겸손의 학교일지도 모르겠습니다. 그 자리를 견디며 숨을 세다 보면, 마음이 비워지고 나를 다시 보게 되니까요.

불교에서는 "어리석은 이는 실패를 두려워하지만, 지혜로운 이는 실패 속에서 길을 찾는다"고 일러 줍니다. 이 말처럼 실패는 우리를 아래로 떨어뜨리는 지옥 구덩이가 아닙니다. 오히려 안으로 흐르게 하는 물꼬가 되기도 합니다. 그래서 실패는 모든 것을 잃는 사건이 아니라, 처음으로 자신을 얻는 계기입니다. 우리는 실패를 통해 관계의 의미를 배우고, 결과가 아니라 과정의 중요성을 배웁니다.

저 역시 사람을 대할 때마다 부족함이 드러났습니다. 자리에서 도망치고 싶었고, 심지어 수치스럽기까지 했습니다. 그때 그 실패들이 저를 살렸다는 사실을 뒤늦게 알았습니다. 넘어질 때마다 새로 일어나는 법을 배웠고, 부끄러울 때마다 겸손해졌습니다. 수십 번 경험이 쌓이면서 제 생각이 이렇게 달라졌습니다. '실패는 나를 나락으로 떨어뜨리는 형벌이 아니라, 나를 바로 세우는 계기였구나!'

성공과 실패는 삶이라는 넓고 깊은 바다가 우리에게 번갈아 내미는 파도와 같습니다. 성공이 나를 들뜨게 할 때, 실패는 나를 붙잡습니다. 그 둘이 함께 있을 때 비로소 삶은 균형을 찾습니다. 실패가 없다면, 우리는 자신이 어디에 있는지도 모른 채 망망대해를 표류하고 말 것입니다.

하루는 수행 중 이런 생각이 떠올랐습니다. '부처님이 깨닫기 전 겪은 수많은 좌절은, 모두 실패였을까?' 아니었습니다. 새로운 길을 찾았고, 결국 깨달음에 닿았습니다. 좌절이 없었다면 깨달음도 없었을 것입니다. 실패는 끝이 아니라 다른 길을 여는 문입니다. 그 문을 두드리는 순간, 길은 우리 안에서 이미 열리고 있을 겁니다.

낯선 손님의 방문

인도 순례 중 동행들과 다음 목적지를 놓고 말다툼을 벌인 뒤, 혼자 게스트 하우스에서 머물고 있었습니다. 난데없이 열병이 나서 꼼짝할 수 없었는데, 식물인간처럼 누워만 있어야 했습니다. 그때가 1996년의 일이었으니, 병의 원인을 진단하거나 치료가 제대로 이뤄지지 않았습니다. 게스트 하우스 주인이 주는 음식도 입에 못 댔고, 두려움만 커졌습니다.

무려 1주일이나 지난 뒤 정신을 부여잡을 수 있었습니다. 눈을 뜨자 눈부시게 내리쬐는 햇살에 잠시 눈을 감았습니다. 다시 눈을 떴을 때 세상이 얼마나 아름다운지 새삼 실감했습니다. 공기마저 상쾌하게 느껴졌고, 마침 자리를 지키던 게스트 하우스 주인이 웃으며 인사를 건넸습니다.

"헬로(Hello)."

순간 제가 살아 있다는 게 얼마나 큰 행복이고 축복인지 알게 됐습니다. 오대산에서 죽음의 문턱까지 갔던 저는 죽음만은 초탈한 줄 알았습니다. 착각이었습니다. 사실은 정말 살고 싶었던 겁니다. 제 기억 속 게스트 하우스 주인의 미소는 타인을 위한 미소 하나 보일 줄 몰랐던 제 과거를 일깨웠습니다. 그리고 살아간다는 것이 바다 한가운데 외롭게 떠 있는 작은 섬처럼 혼자 떨어져 있는 게 아니라는 사실도 깨달았습니다. 그날 이후 저는 인도 순례 내내 만나는 사람들에게 "하이(Hi)"라고 먼저 인사를 하게 됐습니다.

삶은 예측불허의 연속입니다. 한 치 앞도 볼 수 없기에 흥분되고 설레기도 하지요. 다만 예고 없이 찾아오는 불청객은 두려움을 주기도 합니다. 그중에서도 죽음이 다가오는 듯한 사건이 들이닥치면, 두려움이 내 삶을 송두리째 뒤흔듭니다.

법회가 끝난 뒤 한 신도가 제 앞에 와 앉았습니다. 긴 투병으로 야윈 손을 매만지던 그녀가 간신히 입술을 떼며 풀이 죽은 목소리로 고민을 꺼냈습니다.

"스님, 왜 제게 이런 병이 온 걸까요? 기도도 하고, 보시도 하고, 남에게 나쁜 짓도 안 했는데요."

저는 잠시 눈을 감았습니다. 병은 누구에게나 낯선 손님처럼 불쑥 찾아옵니다. 그러나 떠난 손님이 다시 찾아오는 일은 드뭅니다. 이 사실을 그녀가 아프지 않게 받아들이도록 인도 순례의 경험을 꺼낸 뒤, 조용히 대답했습니다.

"많이 지쳐 보입니다. 한데 병은 당신을 벌하러 온 게 아닙니다. 당신을 일깨우러 온 거죠. 어쩌면 배움의 시작입니다."

그녀는 제 말을 오래 곱씹었습니다.

"배움이라니요? 병이 제게 가르칠 게 있나요?"

"네, 병은 우리가 멈추지 않으면 들을 수 없는 이야기를 들려줍니다."

병은 몸의 사건 같지만, 결국 마음의 언어로 말합니다. 아픔이 찾아오면 우리는 멈춥니다. 멈춤은 불편을 동반하지만 바로 그 불편이 알아차림의 문을 엽니다. 그 문 안에서 조금씩 자기 자신이 보입니다. 내가 나를 얼마나 몰아세웠는지, 남의 기준을 맞추려고 얼마나 노심초사했는지, 자기 자신을 얼마나 홀대했는지, 나와 관계된 모든 인연에 얼마나 모질게 대했는지…. 우리는 자신과 마주했을 때 진정으로 자신을 위로할 수 있고, 그제야 더 나은 방향으로 흘러갈 수 있습니다.

"몸에 병이 없기를 바라지 말라. 몸에 병이 없으면 탐욕이 생기기 쉬우니, 병으로써 약을 삼으라"는 불교의 지혜는 단순히 빈말이 아닙니다. 병의 원인을 업보나 벌로 재단하는 순간 배움의 길은 좁아집니다. **병은 죄의 증거가 아니라, 삶을 다시 정렬하라는 알람입니다. 몸이 멈추면 마음이 드러나고, 마음이 드러나면 흘러갈 방향이 보입니다.** 병이 던지는 메시지는 '멈춤' 그 자체입니다. 멈춰야만 비로소 들리는 내면의 목소리가 있습니다. 기업 명상 프로그램에서 만난 어떤 임원은 심근경색으로 쓰러진 뒤 이렇게 털어놓았습니다.

"그전엔 늘 달리기만 했습니다. 보고서, 실적, 평가, 경쟁, 더 높은 연봉…. 항상 어딘가로 향했는데, 병실에 누워 있으니, 코골이가 아닌 제 숨소리를 처음 들었습니다. 병이 제게 멈추라는 신호를 보낸 것 같아요."

그는 멈춤을 두려움으로 받아들이지 않았습니다. 오히려 그것을 자신의 마음을 되돌아보는 초대장으로 받아들였습니다. 멈춤이 고통의 다른 이름이 아니라, 깨달음의 문이라는 사실을 그는 몸으로 배웠습니다.

아픔이 가르친 것은 '버팀'이 아니라 '포용'이기도 합니다. 오랫동안 병을 부정하며 자신을 괴롭히던 사람과 나눴던 이야기를 해 볼까 합니다. 그의 말에는 울음이 섞였습니다.

"스님, 왜 하필 저입니까. 왜 제게 이런 고통이…."

그의 말이 끝나기도 전에 저는 조심스럽게 제안 하나를 했습니다.

"'왜'라는 질문을 '어떻게'로 바꿔보면 어떨까요? 이 고통을 어떻게 바라볼 것인가로."

그는 일기에 혹은 수첩에 또는 핸드폰 메모장에 이렇게 적었다고 합니다. '왜 내게 이런 고통이 왔는지 좌절하며 두 번째 화살을 맞지 않는다. 어떻게 고통을 없애는지 걱정하며 세 번째 화살을 맞지 않는다. 다만 끌어안으며 걷는다.' 달라진 그의 루틴에서 어떤 깨달음을 얻었던 도양입니다. 다시 찾아와 이렇게 말하더군요.

"처음으로 병이 저를 멈춰 세운 이유를 알겠습니다."

세상에는 저마다의 병이 있습니다. 몸이 아픈 이도, 관계가 아픈 이도, 마음이 다친 이도 있습니다. 모양은 달라도 본질은 같습니다. 병은 우리를 멈추게 하지만, 그 멈춤에서만 들리는 숨이 있고, 그 숨을 따라가야만 만나는 내가 있습니다. 병을 통해 자신을 탓하기보다 자신에게 다가가는 법을 배울 때, 멈춤은 정체가 아니라 방향이 됩니다.

돛을 다루는 방법

어려움 없는 삶이 있을까요? 누구나 각자의 무게를 짊어지고 걷습니다. 겉으론 멀쩡해 보여도 마음속엔 저마다의 상처와 고단함이 있습니다. 그 무게를 감추기 위해 웃는 사람도 있고, 무표정으로 버티는 사람도 있습니다. 버겁고 어려운 그 무게를 지레짐작으로 가늠하고, 그럴듯한 말로 누군가를 위로한다면 자칫 또 다른 상처를 주기도 합니다.

사실 삶은 단 한 번도, 그 누구에게도 쉬운 적이 없습니다. 고통은 삶이란 단어의 다른 뜻인지도 모르겠습니다. 그래서 고통이든 슬픔이든 실패든 이겨내야 한다는 강박관념이 생긴 걸까요? 우리가 흔히 쓰는 '극복(克復)'이라는 말에는 이미 싸움이 들어 있습니다. '고난을 이겨내고 원래 상태로 회복하거나 돌아가다'라는 뜻입니다. 그러나 수행의 길에서 '극복'은 싸움이 아니라 '관찰'입니다. 고통을 밀어내고 외면할수록 고통의 부피는 커져서 되돌아오는 경우가 많습니다.

감당하기 어려운 일이 닥치면 누구나 "왜 나에게만 이런 일이 생길까?" 하고 자책합니다. 부처님은 고통의 이유를 묻기보다 고통을 대하는 마음의 태도를 보라고 했습니다. 바라보면 풀립니다. 어려움을 이겨내는 힘은 바깥이 아니라 내면에서 나옵니다. 아무도 내 마음을 대신 움직여 줄 수 없습니다. 내 인생의 주인은 바로 자기 자신 아닌가요? **수행이란 세상을 고치는 게 아닙니다. 내 마음의 길을 바로 세우는 일입니다.**

저는 어려움을 모른 척하고 있었습니다. 헐떡거리는 마음을 내려놓고 마음의 길을 바로 세웠던 계기는 곡성 태안사에서 평생 하루 한 끼만 공양하며 정진하던 청화 스님을 뵌 뒤였습니다. "출가 전에 자네는 어떻게 살았느냐?"는 스님의 첫마디는 가슴 밑바닥에 숨겨둔 아버지에 대한 미움과 증오, 분노를 수면 위로 끄집어 올렸습니다.

제게 있어 아버지와 관계된 모든 것은 삶의 어려움이었습니다. 외면하고 숨기고 싶은 과거이자 기억이었고 감정이었습니다. 그런데 청화 스님의 한마디 덕분에 정면으로 마주하게 된 것이지요. 그때 스님의 표정을 지금도 잊을 수 없습니다. 표정은 한없이 온화했고, 음성은 한없이 자비로웠습니다. 보이지 않아도 어떤 따뜻한 기운이 저를 감싸는 걸 느꼈습니다. 태안사에서 머무는 동안 마음의 감옥에 가둔 아버지를 해방해 드렸고, 제 입에서는 저도 모르게 불쑥 이 말이 튀어나왔습니다.

"아버지, 고맙습니다."

앙금이 사라지자, 제 삶의 가장 큰 어려움이 녹아내렸습니다. 고통이든 분노 등 삶의 어려움은 밀어낼수록 커지고, 바라볼수록 작아진다는 사실을 알게 된 겁니다. 어려움은 극복의 대상이 아니라, 용서하고 받아들여야 한다는 점을 배운 귀한 인연이었습니다.

그렇다고 어려움으로 생각하는 모든 것이 줄어드는 게 아닙니다. 다만 어려움을 담아내는 그릇(마음)이 커지는 겁니다. 세상은 바꾸려고 발버둥 쳐도 바뀌지 않지만, 마음은 바라보는 순간부터 이미 바뀌고 있습니다. 이해하려고 애만 쓰기보다 그저 바라보는 것, 그것이 마음공부의 첫걸음입니다.

지혜로운 이는 바람이 불어도 흔들리지 않는 산처럼 마음이 흔들리지 않습니다. '흔들리지 않는 마음'보다 '흔들림 속에서도 중심을 잃지 않는 지혜'가 더 중요합니다. 진정한 극복은 상황의 변화가 아니라, 인식의 전환에서 시작됩니다. 고통이 사라지는 일은 결코 흔하지 않지만, 고통을 바라보는 '나'는 달라질 수 있습니다.

　남편의 부도로 삶이 무너졌던 한 여성은 절에 와서 며칠 동안 울기만 했습니다. "이제 아무도 아무것도 믿을 수 없다"고 한탄하던 그녀는 주먹으로 애먼 가슴만 때리며 눈물을 흘렸습니다. 매일 저녁 창문을 열고 이렇게 읊조리라고 조심스럽게 전했습니다.

　"그래도, 오늘 하루도 흘러갔습니다. 고맙습니다."

　며칠 뒤 다시 찾아온 그녀는 가슴을 치던 주먹을 펴서 합장하며 인사를 건넸습니다.

　"상황은 그대로인데, 그래도 마음은 덜 무너집니다."

　마음을 다스린다는 건 억누르는 게 아닙니다. 마음을 알아차리는 일입니다. 그 알아차림이 일어나면 세상은 달라지지 않아도 나의 시선이 달라집니다.

삶은 망강대해를 건너는 한 척의 배와 같습니다. 풍랑이 불면 파도에 휩쓸리며 쉽게 흔들리지요. **바람이 부는 건 막을 수 없습니다. 그런데 내가 돛의 방향을 바꿀 수는 있습니다.** 돛은 자기의 마음입니다. 변덕스러운 바람을 탓하는 대신 돛을 다루는 방법을 배우면 어떨지 생각해 봅니다.

　삶은 언제나 문제를 안고 흐릅니다. 중요한 건 그 문제를 없애는 게 아니라, 그 문제를 품은 채로 걸어갈 마음의 방향입니다. 바람이 거세도 중심을 잃지 않는 나무처럼, 당신의 마음이 흔들리되 꺾이지 않기를 바랍니다. 그 자세야말로 어려움을 극복하는 가장 단단한 길입니다. 장석주 시인의 아름다운 말들처럼, 대추가 절로 붉어질 리가 없습니다. 붉은 대추 한 알 안에는 태풍과 천둥, 벼락 몇 개쯤은 있으니까요.

이 또한 지나가리라

"세상에 형성된 모든 것을 지혜로 통찰하여 덧없음을 알
게 되면, 곧 괴로움에서 벗어나 해탈에 이르게 될 것이다."
− 『법구경』

우리가 힘든 일과 마주할 때마다 흔히 꺼내는 "이 또한 지나가리라"는 말이 시작된 불교의 지혜입니다. "이 또한 지나간다"는 말은 사라진다는 뜻이 아닙니다. 흐름의 철학입니다. 그 변화의 한가운데서 우리는 마음을 배우고, 삶을 배웁니다. 바로 불교의 핵심 메시지 무상(無常)이지요.

　인연과 조건으로 만들어진 모든 물질과 정신, 우리가 경험하는 세상은 끊임없이 흐르고 변합니다. 영원하지 않습니다.

나타나고, 사라집니다. 여기에 토를 달거나 반론할 수 있는 사람은 극히 드물 겁니다.

삶에는 파도가 있습니다. 기쁨이 밀려오기도 하고, 슬픔이 덮치기도 합니다. 삶이란 바다 위를 걷는 일이고, 모든 감정은 그 물결의 한 모양일 뿐입니다. 한데 지금 일렁이는 파도가 바다의 전부가 아닙니다. 언젠가는 잔잔해질 것입니다. 괴로움도 마찬가지입니다. 우리는 그 **파도를 이기려 애쓰지만, 파도는 이기는 게 아니라 흘려보내야 하는 것임을 살아가며 조금씩 배워갑니다.**

출가 후 템플스테이에서, 자비명상 강연에서, 기업 연수 프로그램에서, 법회에서 수많은 사람들을 만났습니다. 자식을 가슴에 묻은 부모, 직장을 잃거나 사업에 실패한 가장, 사랑하는 이와 작별한 연인…. 그들의 사연은 모두 달랐지만, 고통을 바라보는 눈에는 공통된 힘이 있었습니다. 바로 흘러가도록 놓아주는 힘이었습니다. 한 병원 상담 프로그램에서 만난 중년 여성은 남편의 갑작스러운 죽음 이후 하루하루가 버티기 힘들다고 했습니다.

"스님, 사람의 부재라는 건 이렇게도 무겁군요. 하루가 한 해 같습니다."

그녀는 매일 같은 자리에 앉아 "이 또한 지나가리라"는 말을 적었습니다. 삶이 극적으로 변하진 않았지만, 수심 가득하던 그녀의 얼굴과 눈빛에는 언뜻언뜻 잔잔하고 따뜻한 기운이 보였습니다.

"글씨를 쓰다 보니, 제 마음이 조금씩 움직이더군요. 문장은 그대로인데, 마음이 변했습니다. 그립지만, 그리움 속에 고요함이 있습니다."

그녀는 그렇게 "지나간다"는 말 속에서 흐름을, 즉 무상의 지혜를 받아들이기 시작했습니다. 괴로움은 조건에 따라 만들어지는 성질입니다. 조건이 변하면 괴로운 느낌이나 감정도 변합니다. 그래서 우리는 괴로움과 싸우기보다는 흐름을 보고 받아들이는 지혜가 필요합니다. 아버지의 병상 앞에서 자책만 하던 템플스테이 참가자도 마찬가지였습니다.

"아버지의 고통을 대신해 주고 싶었어요. 그런데 아무것도 할 수가 없었습니다."

그는 며칠 동안 새벽마다 법당에 앉아 호흡을 바라보며 자신의 마음을 살폈습니다. 들숨에 "여기 있습니다", 날숨에 "보냅니다"를 되뇌었습니다. 들이마시는 숨과 내쉬는 숨이 자신을 위로한다는 것을 그제야 알았다고 했습니다.

"이제는 조금 알 것 같습니다. 아버지는 아버지의 시간이 흐르고 있고, 저도 제 시간이 흐르고 있었네요. 괴로워하는 절 보며 아버지가 더 아파하시지 않게 자책하지 않으려고요. 대신 사랑한다는 말을 자주 하려고 합니다."

우리는 흔히 "이 또한 지나간다"는 말을 위로로 사용합니다만, 이 말은 단순한 위로가 아니라 멈춰버린 삶을 흐르게 하는 지혜입니다. 지금이 힘든 이유는 그것이 영원할 것처럼 느껴지기 때문입니다. 그러나 아무리 견고해 보여도, 어떤 괴로움도 그 자리에 머물지 않습니다.

영원한 것은 없고 모든 것은 흘러갑니다. 그렇다고 무상을 허무나 무정함으로 오해해서는 안 됩니다. 무상은 허무나 무정함이 아닙니다. 모든 것은 흐른다는 진리를 보는 지혜이자 자비의 또 다른 얼굴입니다. 비가 와야 강이 흐르고, 낙엽이 져야 새싹이 돋아납니다. 바람은 옷깃을 여미게 만들지만, 꽃과 나무의 씨앗을 널리 퍼뜨립니다. 무상의 지혜를 알고 변화를 받아들이면, 감사는 더 구체적으로 됩니다. 지금 눈앞에 있는 한 사람, 한 그릇의 밥, 한 줄기의 햇살을 더 깊이 생각합니다. 지나갈 것을 알기에 지금이 더없이 소중합니다.

고통이 지나간 자리에 남는 것은 상처가 아니라, 다시 살아가는 마음의 결이었으면 좋겠습니다. 그 결이 쌓이고 쌓여 우리의 마음은 더 튼실해집니다.

살아 있는 모든 순간

절집의 새벽 공기는 언제나 다릅니다. 산등성이를 따라 내려오는 찬 공기 속에는 아직 깨어나지 않은 생명이 숨 쉬고 있습니다. 그 고요 속에서 들이마신 첫 숨은 하루의 첫 기도와 같습니다. 숨을 들이쉴 때 생이 들어오고, 내쉴 때 지난날이 흘러갑니다. 호흡은 지금, 이 순간과 나를 이어주는 가장 오래되고 튼튼한 다리입니다.

사람들은 명상을 특별한 행위라 생각하지만, 명상은 결코 멀리 있지 않습니다. 그저 숨을 보고, 마음이 어디로 가는지 바라보는 것만으로도 충분합니다. 생각이 일어나면 그 생각을 밀어내지 않고, 감정이 올라오면 그 감정의 온도를 느껴보는 것, 그것이 곧 명상입니다.

호흡은 단순한 생명 현상이 아니라, 마음을 들여다보는 현미경이자 마음을 비추는 거울입니다. 마음이 불안하면 숨이 거칠고, 마음이 고요하면 숨이 잔잔해집니다. 숨의 결을 따라가면 마음의 결이 보입니다. 저 또한 처음 출가했을 때는 숨을 쉰다는 것이 무엇을 의미하는지 알지 못했습니다.

좌선 중에 일어난 잡념을 없애려 몸을 긴장시키면, 호흡도 떨렸습니다. 생각을 없애려 애쓰지 않고 그저 호흡을 따라가니 변화가 일어났습니다. 잡념이 일어날 때마다 숨을 억누르지 않고 그저 바라보니, 생각은 사라지지 않았지만 마음의 중심은 흔들리지 않았습니다. 이런 체험이 쌓이다보니 알게 됐습니다. 명상은 고요해지는 것이 아니라, 고요 속에서 나를 알아보는 일이었습니다.

"스님, 저는 숨을 쉴 틈이 없습니다. 회의 준비와 보고서에 늘 쫓깁니다."

CEO 명상 프로그램에서 만난 한 임원은 숨 쉴 틈이 없다며 한숨을 쉬었습니다. 습관처럼 들이쉬고 내쉬는 숭고한 생명 현상을 당연하게만 여기고 있었습니다. 그에게 저는 말했습니다.

"그래서 더 숨을 의식해야 합니다. 숨을 잃으면 삶의 방향도 잃습니다."

명상은 특별한 행위가 아니라, 숨 한 번 고르는 일임을 처음에 그는 이해하지 못했습니다. 나를 고쳐 쓰는 일은 먼 데 있지 않습니다. 들숨과 날숨 사이, 그 짧은 틈이 내 삶의 방향타입니다. 들숨에 "여기 있습니다", 날숨에 "보내겠습니다"라고 호흡하는 것은 알아차림 위에 나를 올려놓는 연습입니다. 이 단순한 리듬이 흩어진 마음을 모읍니다. 그는 며칠 동안 매일 10분씩 조용히 앉아 호흡을 관찰했습니다. 얼마나 지났을까요. 그는 제게 이런 메시지를 전했습니다.

"숨을 세다 보면 시간이 멈춘 것 같습니다. 예전엔 시간에 쫓겼는데, 지금은 시간이 저를 기다려주는 것 같습니다."

그의 변화는 외적인 성공이 아니라 내면의 평온이었습니다. 그는 이후 회사 회의 시작 전에 직원들과 함께 3분간 조용히 호흡하는 시간을 만들었습니다.

"신기하게도 회의 분위기가 부드러워졌습니다. 서로의 말이 끝나기도 전에 대답하던 사람들이 잠시 숨을 쉬며 기다리더군요. 그 짧은 숨이 회사의 공기를 바꿨습니다."

사람은 마음의 결에 따라 출렁입니다. 기쁨엔 들뜨고, 슬픔엔 가라앉습니다. 멈추려고 할수록 더 소란해지기도 합니다. 그럴 때 저는 호흡을 살피라고 권합니다. 거창한 도구가 아닙니다. 지금 우리의 코끝에서 들고나는 한 호흡입니다.

호흡을 바라보는 순간, 마음은 현재로 돌아옵니다. 삶이 순간순간의 있음이라는 사실을 깨닫게 해주는 겁니다. 호흡은 그렇게 보이지 않는 전환의 힘이 있습니다. 단순한 들숨과 날숨이 아니라, 무수한 번뇌를 씻고 새로 숨 쉬는 마음의 순환이 호흡입니다. 우리가 숨을 통해 마음을 닦는 이유는, 숨이 생명이고 마음이 생명의 그림자이기 때문입니다.

템플스테이를 찾아온 어떤 중년 남성은 언제나 피로와 불면에 시달렸습니다. 휴식이 필요해서 참가했다고 했습니다. 그는 절 마당에 앉아 한참을 조용히 자신의 숨만 바라보았습니다. 처음엔 숨이 끊어질 듯 불편했지만, 이내 무엇을 느꼈는지 이렇게 고백했습니다.

"스님, 숨이 제 마음이었네요. 마음이 거칠면 숨이 거칠고, 조금이라도 괜찮아지면 숨이 부드럽네요. 이젠 집에서도 틈날 때마다 숨을 봐야겠습니다. 짧은 숨 하나에도 마음이 달라지니까요."

그의 미소처럼 멋진 답이었습니다. 숨은 단순하지만 위대합니다. 숨을 알아차리는 순간, 과거도 미래도 개입할 수 없습니다. 그 한 호흡이 바로 '지금, 이 순간'입니다. 괴로움이 밀려올 때, 숨을 세어보십시오.

숨을 붙들면 마음이 따라오고, 마음이 따라오면 세상이 따라옵니다. 세상은 멈추지 않지만, 내가 멈추면 세상은 고요해집니다. 바람은 스스로 멈추지 않지만, 바람을 보는 이는 멈춰서 고요하지 않은가요? 명상은 세상을 바꾸는 일이 아니라, 세상을 바라보는 눈을 바꾸는 일입니다. 그 눈이 자리를 잡을 때, 우리는 비로소 자유로워집니다.

하루를 마무리할 때 저는 꼭 세 번의 깊은 숨을 쉽니다. 하나는 오늘을 내려놓기 위해, 하나는 내일을 준비하기 위해 그리고 마지막 하나는 그저 살아 있음에 감사하기 위해서입니다. 그 세 번의 숨은 제 하루의 경전이고, 제 수행의 요약입니다. 그 짧은 순간이 하루 중 가장 긴 평화의 시간입니다.

명상은 특별한 장소에서만 가능한 일이 아닙니다. 지금, 이 순간 당신의 숨이 닿는 그 자리가 곧 도량입니다. 숨이 고요하면 마음이 고요하고, 마음이 고요하면 세상이 고요해집니다. 그 고요 속에서 당신의 하루가 다시 시작됩니다. 그렇습니다. 호흡은 살아 있는 모든 순간의 스승입니다. 그 숨을 잃지 마십시오. 그것이 바로 당신 자신입니다.

"지금, 당신의 마음은 어디에 머물러 있습니까?"

오늘의 명상

고요한 숨

오늘 아침, 고요함 속에서
나를 다시 만나
숨을 깊게 들이쉬고
천천히 내쉬며 깨어나
감사로 시작하는 하루
내가 가진 모든 것들
만날 사람들, 할 수 있는 일
그 모두가 선물 같습니다.

내가 행복하기를…,
내가 자유롭기를…,
내가 평온하기를…,
이 순간, 온전히 나로

어제의 걱정은 놓아주고
미래의 불안도 내려놓고
흔들릴 때마다 돌아오는

고요한 숨결 속으로
나에게 친절한 마음
세상에 따뜻한 인사
숨을 한 번 더 들이쉬고 내쉬고
눈을 뜨면 새로운 날

내가 행복하기를…,
내가 자유롭기를…,
내가 평온하기를…,
이 순간, 온전히 나로

숨 한 번, 깊게 들이쉬고 내쉬면
내 안의 소음은 잠시 쉬고
어제의 그림자, 오늘은 지우고
지금 이 순간에 나를 채웁니다.

걱정이 구름처럼 흘러가고
불안은 바람처럼 사라지며
내 마음의 중심에 내가 있음을 알면,
흔들려도 다시 여기로 돌아옵니다.

내가 살아 있다는 것
작은 빛 하나에도 느껴지는 것
사랑, 평온, 자유, 그 모든 것을
내 안에서 찾을 수 있어 감사합니다.

세상은 빠르게 돌아가지만
나는 천천히 숨을 쉬어가며
이 리듬 속에서 나를 느끼면,
고요한 숨결이 나를 이끕니다.

그리고 당신에게도
이 마음을 전합니다.

당신이 행복하기를…,
당신이 평온하기를…,

존재하는 모든 생명들이
행복하기를
자유롭기를
평온하기를
이 순간, 함께 숨 쉬며

오늘의 명상

자기 사랑

지금 이 순간,
조용히 눈을 감고,
당신의 내면으로 향합니다.

숨을 깊게 들이쉬고,
천천히 내쉬며,
당신의 존재를 느껴 봅니다.

보이는 눈이 있어 감사합니다.
세상의 빛, 사람들의 표정,
자연의 아름다움을 볼 수 있음에 감사합니다.

듣는 귀가 있어 감사합니다.
바람의 속삭임, 사랑하는 이의 목소리,
음악의 울림을 들을 수 있음에 감사합니다.

말할 수 있는 입이 있어 감사합니다.
진심을 전하고, 위로를 건네고,
사랑을 고백할 수 있음에 감사합니다.

뛰는 심장이 있어 감사합니다.
오늘도 살아 있음을 알려주는
박동 하나하나에 감사합니다.

움직일 수 있는 팔다리가 있어 감사합니다.
걷고, 안고, 쓰다듬고,
손을 내밀 수 있음에 감사합니다.

숨 쉴 수 있는 공기가 있어 감사합니다.
아무것도 하지 않아도 주어지는
생명의 선물에 감사합니다.

아침을 맞이할 수 있어 감사합니다.
어제의 끝이 오늘의 시작으로 이어지는
기적 같은 순간에 감사합니다.

슬픔을 느낄 수 있어 감사합니다.

그만큼 사랑했고,
그만큼 살아 있음을 증명해 주는 감정에 감사합니다.

기쁨에 웃을 수 있어 감사합니다.
작은 순간에도 행복을 느낄 수 있는
따뜻한 마음에 감사합니다.

혼자 있는 시간도 감사합니다.
스스로를 돌아보고,
나와 대화할 수 있는 고요함에 감사합니다.

누군가와 함께할 수 있어 감사합니다.
연결되고, 이해받고,
사랑할 수 있는 관계에 감사합니다.

실수할 수 있어 감사합니다.
완벽하지 않아도 괜찮다는 것을
배울 수 있음에 감사합니다.

배울 수 있어 감사합니다.
오늘보다 나은 내일을

꿈꿀 수 있음에 감사합니다.

용서할 수 있어 감사합니다.
상처를 품고,
다시 사랑할 수 있는 용기에 감사합니다.

기다릴 수 있어 감사합니다.
시간이 흐르며 모든 것이
제자리를 찾는다는 믿음에 감사합니다.

사랑할 수 있어 감사합니다.
누군가를 향한 따뜻한 마음이
내 안에 있다는 사실에 감사합니다.

사랑받을 수 있어 감사합니다.
내 존재가 누군가에게
기쁨이 될 수 있다는 가능성에 감사합니다.

이 모든 감사는 결국,
자기 자신을 사랑하는 마음에서 비롯됩니다.
감사는 자기를 사랑하는 지름길이며,

자기를 사랑할 때, 우리는 비로소 사랑받을 수 있습니다.

지금 이 순간,
당신은 충분히 사랑받을 자격이 있습니다.
그리고 그 사랑은
당신 자신에게서 시작됩니다.

오늘, 당신 자신에게
조용히 말해 주세요.

"나는 나를 사랑합니다."

그 말이 당신의 하루를,
그리그 당신의 삶을
조금 더 빛나게 만들어 줄 것입니다.

"당신이 고통에서 벗어나 부디 행복하기를 ···."
당신의 마음이 조금 더 가벼워지고,
조금 더 맑아지기를 바랍니다.

2
사이에서 배우는 것들

나를 닦는 거울, 인연

서로 비스듬히 기대어

"이것이 있으므로 저것이 있고, 이것이 없으므로 저것이 없다."

한 번쯤 들어본 익숙한 말입니다. 세상의 모든 것은 서로 연결돼 있다는 연기(緣起)를 짧게 축약한 문장입니다. 세상은 연결로 이뤄졌습니다. 인연은 밤하늘의 별처럼 멀리 있는 신비로운 그 무엇이 아니지요. 매 순간 이어지는 흐름입니다. 나라는 존재는 수많은 인연의 결과이며 동시에 내가 하는 말과 행동은 또 다른 인연으로 이어집니다. 누군가의 말 한마디가 마음의 방향을 바꾸고, 한 번의 만남이 평생의 길로 바뀝니다. **누군가의 미소가 내 마음을 녹이고, 나의 한숨이 누군가의 기도가 되듯 우리는 서로의 삶 속을 지나며 끊임없이 영향을 주고받습니다.**

저의 출가도 뜻하지 않은 여러 시절인연이 만든 작품입니다. 아버지를 향한 증오 등 복합적인 감정이 뒤섞인 마음 지옥에서 탈출하고 싶었습니다. 유일한 출구가 교회였고, 목사님이 되려고 했습니다. 아버지는 교회를 찾아가 따졌고, 그 일로 저와 아버지는 더 멀어졌습니다. 그런 아버지를 후회하게 만들려고 스스로 삶을 버리려 했으며, 오대산에서 우연히 절 발견한 스님의 따뜻한 말 한마디에 출가 수행자로서 제 인연이 시작됐습니다. 목사가 되려던, 스스로 생을 마감하려던 삶의 방향이 달라진 겁니다. 어디 그뿐인가요? 청화 스님의 온화한 말씀과 미소로 아버지에 대한 해묵은 감정을 털고 고마움마저 느꼈습니다. 수많은 인연의 흐름 안에 지금의 제가 있는 겁니다.

하지만 인연의 소중함을 알아채기 쉽지 않습니다. 불현듯 다가오는 인연의 끈을 모른 채 살아가기 마련입니다. 저 역시 삶을 돌이켜보니 모든 게 인연이라는 사실을 깨달았으니까요. 그래서인지 몰라도 우리는 삶이라는 망망대해에 홀로 떠 있는 외딴섬처럼 느끼기도 합니다. 오죽하면 사람과의 관계가 가장 어렵다는 말이 나왔을까요. 그래서 관계를 단절하기도 합니다. 그렇지 않더라도 우리는 늘 혼자인 것 같은 느낌을 자주 받습니다. 제가 만난 수많은 사람들이 외로움을 호소했습니다.

"스님, 저는 동료나 거래처 등 사람 관계가 너무 어렵습니다."

템플스테이에 참여한 어느 직장인의 첫마디였습니다. 어쩌면 너무나 당연합니다. 평생의 반려를 약속한 부부도 성인이 될 때까지 다른 환경에서 성장한 이들의 만남이기에 관계가 어렵습니다. 하물며 직장으로 연결된 이들은 오죽할까요. 그도 알고 있었지만, 문제는 더 심각한 듯했습니다. 그는 "성격이 안 맞는 사람을 보면 몸이 먼저 굳는다"고 토로했습니다.

사실 외로움보다 단절의 두려움이 더 컸습니다. 끝까지 그들의 이야기를 들어보면. 마음 한구석에는 언제나 누군가를 향한 그리움이 있었습니다. 미움 뒤에는 이해받지 못한 아쉬움이, 고통 뒤에는 연결되고 싶은 열망이 숨어 있습니다. 이것을 알아차리는 순간, 인연은 무거운 짐이 아니라 성장의 계기로 바뀌기도 합니다. 이 모든 말을 들은 뒤 그는 며칠 동안 조금씩 달라졌습니다. 매일 아침 예불 뒤 명상 일기를 쓰며 마음을 적어 두었는데, 마지막 날엔 이렇게 썼다고 합니다.

"그 사람도 나처럼 외로웠던 것 같다."

자신의 상처를 들여다본 순간, 타인의 아픔이 보이기 시작했습니다. 인연은 그렇게 마음의 경계를 허물며 자랍니다.

굳이 연기라는 부처님 말씀까지 가지 않아도 됩니다. '사람 인(人)'이라는 글자만 봐도 알 수 있습니다. **서로가 비스듬히 기대어 서야만 비로소 사람이 됩니다. 내가 웃을 때 누군가의**

마음이 밝아지고, 내가 화를 내면 또 다른 누군가의 마음이 흔들립니다. 세상은 '나'와 '너'가 아닌 '우리'의 그물망으로 엮여 있습니다.

살다 보면 예상치 못한 사람을 만나고, 한때는 평생 함께할 것 같던 이와 헤어집니다. 그 만남과 이별이 모두 우연처럼 보이지만, 조용히 돌아보면 그 안에 보이지 않는 인연의 끈이 이어져 있습니다. 삶은 수많은 관계, 즉 인연의 끈이 엮여 있는 거대한 그물망입니다.

새벽마다 절집 마당을 쓸던 노스님이 있었습니다. 그 스님은 바람이 부는 날에도, 눈이 오는 날에도 늘 같은 자리에 있었습니다.

"스님, 낙엽은 계속 지는데, 왜 매일 쓸고 계십니까?"

그 스님은 빗자루를 멈추지 않은 채 조용히 웃었습니다.

"쓸어도 다시 떨어지지요. 그런데 쓸지 않으면, 내 마음이 낙엽으로 금세 뒤덮여 버립니다."

그날 이후 저는 누군가를 미워할 때마다 그 말을 떠올렸습니다. '내 마음의 낙엽은 내가 쓸어야 하는구나.' 세월이 지나 절을 맡게 되었을 때, 저는 수도 없는 사람을 만났습니다. 기쁨으로 절을 찾는 이도 있었고, 울음으로 들어와 미소로 돌아가는 이도 있었습니다. 각자의 사정과 고통은 달랐지만, 그들의 얼굴에서 저는 하나의 공통점을 보았습니다. 모두가 누군가와의 관계 속에서 상처를 받았고, 또 관계를 통해 다시 일어서고 있었습니다. 템플스테이에 왔던 한 젊은 남자는 회사 동료와의 갈등으로 지쳐 있었습니다.

"그 사람만 없으면 제가 괜찮을 것 같습니다."

며칠 동안 절집 마당을 쓸던 그는 저녁엔 산길을 걸으며 자신의 마음을 들여다봤습니다. 마지막 날 그는 말했습니다.

"스님, 그 사람이 아니라 제가 문제였습니다. 제 마음 바닥에 쌓여 있는 '싫다'는 마음을 놓으니, 오히려 고마운 사람이 되었습니다."

인연은 이렇게 우리를 다듬습니다. 좋은 인연은 향기가 되어 오래 남고, 힘든 인연은 약이 되어 아픈 우리를 치유합니다.

때로는 우리가 원하지 않는 인연이 가장 큰 배움으로 남기도 합니다. 인연을 탓하는 순간, 배움의 문은 닫히지만 인연을 감사히 바라보는 순간, 모든 관계가 수행의 길이 됩니다. 도시는 이미 도량입니다. 출근길의 버스 기사, 편의점 계산원, 식당 종업원…. 하루에 마주치는 모든 이가 수행의 거울입니다. 짜증이 올라올 때마다 저는 숨을 고르고 속삭입니다. "이 인연도 나의 공부입니다." 그렇게 마음을 바꾸면, 같은 장면도 달라집니다.

가만히, 자세히 그리고 오래오래 나를 아끼는 마음으로 자신을 들여다보면 알 수 있습니다. 인연은 밖에서 일어나는 일이 아니라, 내가 무엇을 어떻게 바라보는가의 문제입니다. 한 사람이 달라지면 관계의 결도 달라집니다. 그래서 불교에서는 '연기(緣起)'라고 합니다. 하나의 존재는 홀로 설 수 없고, 모든 것은 서로에게 기대어 피어납니다. 꽃이 피는 것은 햇빛과 흙 그리고 적당한 수분 덕분이지만, 그 햇빛을 가리지 않으려는 구름의 배려가 있기 때문이지 않을까요?

오늘의 어떤 만남이 기적처럼 느껴진다면, 그 기적은 오래전부터 이어진 연결의 흔적입니다. 인연을 깨닫는 순간, 삶은 더 이상 혼자가 아닙니다. 내가 웃을 때 세상도 조금 더 밝아지고, 내가 감사할 때 세상도 조금 더 따뜻해집니다. **인연은 나와 세상의 숨결이 만나 피워낸 꽃입니다.** 오늘 그 꽃을 보며 이렇게 마음속으로 합장해 보십시오.

"이 인연에 감사합니다."

인연이 건네는 초대

'아무런 인과 관계가 없이 뜻하지 않게 일어난 일.' '우연'이란 단어의 사전적 의미입니다. 그런데 이게 다는 아닐 겁니다. 우연이라는 말은 얼마나 많은 뜻을 품고 있을까요? 때로는 그 우연한 순간이 한 사람의 인생을 바꾸어 놓습니다. 우연이란 어쩌면, 운명이 우리 마음을 깨우기 위해 조용히 내려놓은 징검다리 같은 것인지도 모릅니다. 모든 만남에는 뜻이 있습니다. 다만 우리가 아직 그 의미를 모를 뿐입니다.

서울 도심의 복잡한 횡단보도에서 노인 한 분이 발을 헛디뎌 넘어졌습니다. 사람들은 놀란 듯 피했지만, 제 몸이 먼저 반응했습니다. 그분을 부축해 일으켜 세우는 동안 손끝에 닿은 체온이 오래 남았습니다. 그날 밤 문득 이런 생각이 떠올랐습니다. '오늘 내가 그분을 도운 걸까, 아니면 그분이 내 마음을 멈추게 한 걸까?' 그 짧은 순간이 하루 종일 제 마음을 붙잡고 있었습니다. 그날 이후 저는 '만남'이라는 단어를 새롭게 보기 시작했습니다.

공주 마곡사 포교국장 시절에 수도권의 한 사찰에서 템플스테이를 진행할 때였습니다. 지쳐 보이는 한 청년이 왔습니다. 우연히 절을 찾았다는 그는 내내 말이 없었고, 예불이 끝나고 나서야 조심스럽게 입을 열었습니다.

"부모님이 너무 원망스럽습니다. 어릴 때부터 늘 비교 받고, 칭찬받은 적이 없습니다."

자신의 마음을 털어놓으며 가늘게 떨고 있는 그에게 따뜻한 차를 따라 주었습니다. 그리고 천천히 한 잔을 비울 때까지 기다렸습니다. 이윽고 제가 말을 꺼냈습니다.

"그 마음을 억누르지 말고 그냥 두세요. 미움도 자신의 마음으로 들어가는 길이 될 수 있습니다."

템플스테이 내내 그는 매일 새벽 절집 마당을 걸었습니다. 절을 떠나던 마지막 날 이런 말을 꺼내더군요.

"부모님이 절 몰라서 그랬던 것 같습니다. 저도 부모님을 몰라서 미워했네요."

우연한 기회에 절을 찾았던 그가 마음의 방향을 돌려세웠습니다. 그 청년이 떠난 뒤 저는 자신에게 물었습니다. '나는 내 인연을 얼마나 깊이 바라보고 있는가.' 이 질문이 제 수행의 중요한 화두가 되었습니다.

마음의 눈이 닫히면 자비도 닫히고, 그 눈이 열리면 아무리 낯선 사람도 부처님처럼 보입니다. 사람을 고치려 하기보다 그가 서 있는 자리의 고통을 있는 그대로 보는 일, 그것이 수행의 시작임을 알았습니다.

명상 상담 중 한 노부부를 만났습니다. 남편은 집과 병원을 오갔고, 아내는 오랜 간병으로 지쳐 있었습니다. 남편이 먼저 마른 입술을 뗐습니다.

"스님, 하루에도 몇 번씩 죽음을 생각합니다. 그런데 죽음이 무섭지 않습니다. 제 아내가 제 곁에 있으니까요."

남편의 말을 가만히 듣던 아내는 눈시울을 붉히며 말했습니다.

"스님, 남편은 고마운 인연입니다. 저는 이 사람을 돌보면서 제 마음이 닦이는 걸 느낍니다."

우연히 서로를 알아보고, 사랑을 나누고, 부부의 인연으로 살아가던 남편과 아내는 서로의 거울이 되어 있었습니다. 아내의 돌봄은 자비였고, 남편의 병은 그 자비를 피워내는 수행이었습니다. 이 부부의 이야기는 쉽게 잊히지 않고 오래 제 마음에 남았습니다. 몇 달 뒤, 아내에게서 편지가 왔습니다.

"스님, 남편이 떠났습니다. 그런데 이상하게 슬프지 않습니다. 그 사람이 제 안에서 여전히 숨 쉬고 있는 걸 느낍니다."

그 편지를 읽으며 생각했습니다. '이별이 끝이 아니라 자기 자신을 만나는 또 다른 만남의 시작일 수도 있겠구나.'

불교에서는 이렇게 말합니다. "모든 인연은 잠시 스치는 것 같지만, 그 스침 속에서 무수한 깨달음의 씨앗이 자란다." 인연이 오래 남는다고 해서 깊은 것도 아니고, 짧다고 해서 가벼운 것도 아닙니다. 우연을 가장한 한순간의 만남이라도 진심이 닿으면 그 인연은 마음속에서 계속 자랍니다.

우연은 필연의 반대말이지만, 우연은 인연이 놓아준 다리입니다. 그래서 우연은 필연일지 모릅니다. 오늘, 우연처럼 내가 만난 모든 얼굴이 마음을 다스리는 연습입니다. 삶은 그렇게 한 장 한 장 우연 같은 인연의 이야기로 다음 페이지가 펼쳐집니다.

우연한 만남이 내 인생의 문을 두드릴 때 그 문을 닫지 마십시오. 그 만남이 당신의 고요를 깨뜨릴지라도, 그 흔들림 속에서 마음이 자라고 세상이 열립니다. **모든 우연은 인연이 건네는 마음공부의 초대장입니다.**

어느 날 새벽, 문득 이런 생각이 들었습니다. '우연히 만난 모든 사람은 내 안의 부처님이 보낸 거울이다.' 누군가를 만나는 것은 곧 자기 마음을 만나는 계기가 될 수 있다는 사실을 그제야 알게 됐습니다. 그래서 저는 오늘도 사람을 만날 때 그의 이야기보다 그의 마음을 듣기 위해 귀를 엽니다. 마음을 열고 귀를 기울이면, 타인과 나의 고통이 들립니다. 그것이 자비의 문을 여는 첫 번째 노크입니다.

무지개가 아름다운 이유

 회사에 다니는 그에게는 딱 한 가지 불편한 점이 있었습니다. 자주 협업해야 하는 직장 동료가 '너무' 꼼꼼했습니다. 착착 일을 진행해야 속이 풀리는 그는 꼼꼼한 동료 탓에 일의 속도가 늦어지는 게 여간 불만이었습니다. 그래서 피곤하다고 토로했습니다. 이야기를 다 듣고 저는 한마디만 했습니다.
 "그 꼼꼼함이 피곤한가요? 아니면 당신의 급한 성격이 당신을 피곤하게 만드는 건가요?"
 사람은 저마다의 속도가 있습니다. 속도가 다르면 보는 풍경이 다르고, 풍경이 다르면 배움도 달라지겠지요. **같은 산을 올라도 누군가는 능선을 보고 누군가는 들꽃을 봅니다. '다르다'라는 것, 이는 삶의 또 다른 리듬이기도 합니다.** 꼼꼼함이 누군가에겐 답답한 속도일지언정, 누군가에겐 적절한 리듬이기도 한 겁니다.

여기서 '다름'은 관계에 있어 아주 중요한 단어입니다. 우리가 자주 헷갈리는 말 가운데 '틀리다'와 '다르다'가 있습니다. '틀리다'는 '옳지 않다', '잘못됐다'라는 뜻으로 말하는 사람의 가치 판단이 숨어 있습니다. 앞서 제가 든 사례에서 '너무 꼼꼼하다'는 표현에 이미 말하는 사람의 가치 판단이 들어 있는 겁니다. 일이 순서대로 꽉꽉 진행돼야 하는 자기 기준에서는 잘못된 것으로 보였고, 이내 싫어지면서 피곤하다는 말까지 한 것이지요. 반면에 '다르다'는 가치 판단 없이 사실을 있는 그대로 바라보고 그저 '다름'을 표현한 말입니다.

그런데 왜 우리는 이런 실수를 할까요? 자기중심대로 세상을 판단하고 생각해서입니다. 그러면 왜 우리는 나와 다른 사람이 불편할까요? 대부분 상대 때문이 아니라 내 기준을 우선하기 때문입니다. 자기중심대로 세상을 보고 판단하니 저마다 생각이 다르고, 말투가 다르고, 살아가는 방식이 다릅니다. 그런 이유로 서로 다가가지 못하고 마음의 거리를 둡니다.

그러나 가만히 들여다보면, 그 다름이 바로 관계의 시작이자 성장의 씨앗이 됩니다. 같아서 편한 인연보다 다르기에 배울 수 있는 인연이 더 깊습니다. 다름은 불편이 아니라, 서로를 닦아주는 거울이 되는 것이지요.

　출가 후 처음 도시에 있는 절집의 살림을 맡으면서 이리저리 부딪혔습니다. 회의도 많고 사람들의 의견도 엇갈리는 자리가 많았습니다. 한 스님은 빠르고 단호하게 일을 처리했고, 다른 스님은 오래 생각하고 천천히 결정을 내렸습니다. 저는 답답함을 느꼈습니다. '왜 저렇게 굼뜰까? 왜 내 뜻을 바로 이해하지 못할까?' 그러던 어느 날, 회의가 끝난 뒤 한 스님이 제게 이렇게 말했습니다.

　"스님, 빨리 가는 길도 좋지만, 함께 가야 길이 완성됩니다."

　아차! 저는 제 방식만 옳다고 믿고 있었던 겁니다. 그때 새삼 깨달았습니다. 다름은 틀림이 아니었습니다.

불교에서는 "각자의 인연과 업이 다르다"고 합니다. 같은 말을 들어도 마음의 그릇이 다르니 받아들이는 모양이 다르고, 같은 길을 걸어도 보이는 풍경이 다릅니다. 그러니 사람 사이의 다름은 자연스러운 일입니다. 그러나 우리는 종종 그 자연스러움을 억지로 맞추려 하다가 스스로 상처를 만듭니다. 나와 같은 사람을 찾기보다, 다른 이를 이해하려는 마음을 키우는 것이 수행의 시작입니다.

　매일 얼굴을 마주하는 부부는 자신의 마음을 들여다볼 수 있는 소중한 인연입니다. 남편은 조용한 성격이었고, 아내는 활달했습니다. 그래서인지 템플스테이 첫날부터 서로 부딪혔습니다.

"당신은 왜 늘 그렇게 말이 없어?"

"그럼, 당신은 왜 그렇게 말을 많이 해?"

서로의 다름(차이)을 공격하듯 말하던 두 사람은 프로그램 중 '침묵 명상'을 함께 하게 되었습니다. 그 후 남편이 조용히 말했습니다.

"당신의 수다가 얼마나 그리웠는지 몰라."

아내도 웃으며 대답했습니다.

"당신의 침묵이 이렇게 따뜻할 줄 몰랐어요."

그 부부는 다름에서 같은 마음을 발견했습니다. 마음이 다르다는 건 나쁜 게 아니었습니다. 오히려 그 차이가 서로를 더 깊이 보게 했습니다.

다름을 탓하는 순간 관계의 문이 닫히지만, 다름을 존중하는 순간 세상이 넓어집니다. 살다 보면 우리는 자신과 비슷한 사람에게 끌리고, 다른 사람에게 거리감을 느낍니다. 명상이든 수행이든 모든 마음공부는 그 거리감으로 들어가는 일입니다. 불편함을 외면하지 않고, 그 불편함을 통해 내 마음의 경계를 보는 일입니다. 사람을 통해 배우는 건 언제나 쉽지 않지만, 그 배움은 책보다 깊고 큰스님의 법문보다 직접적입니다. 세상을 이해한다는 건 결국 타인을 그리고 자신을 이해하는 일입니다.

사실은 '틀리다'가 아니라 '다르다'임을 우리는 모두 알고 있습니다. 단지 '나'를 앞세우고 가치 판단을 하기에 어려울 뿐입니다. 좀 다르면 어떤가요. **무지개는 다른 색깔 일곱 개가 한데 모여서 더 아름답습니다.**

뜻이 맞지 않는 사람

그는 감정 노동자였습니다. 청소 용역업체에서 20년 가까이 근무한 시간만큼 많은 사연이 있었습니다. 여러 건물주 또는 직장 동료와 하나의 일을 놓고 서로 다른 방식을 주장하면서 갈등을 빚기도 했습니다. 그의 긴 고백은 차라리 탄식이었습니다.

"후임 직원 때문에 요즘 무척 괴롭습니다. 같은 문제를 몇 번 지적해도 고쳐지지 않습니다. 이제는 오히려 내가 자신을 미워한다는 오해까지 합니다. 담배를 끊었는데, 그럴 때마다 다시 피우고 싶은 생각도 들고…. 사람 관계가 가장 어려운 것 같습니다."

그에게 받아들이고 인정하는 태도를 제안했습니다.

"마음에 안 드는 다른 사람의 모습이 보일 때마다 '그럴 수도 있지' 해 보세요. 너도 나와 같은 사람이지, 너도 처자식 때문에 일을 해야 하는 나와 같은 사람이지. '그럴 수도 있지' 하면서 인정해 주세요."

뜻이 맞지 않아 미워하거나 싫어진 사람을 매일 봐야 하는 것만큼 힘든 일은 없습니다. 그렇다고 그 삶이 내가 원하는 대로 바뀌지는 않는 것이지요. 그럴 땐 대상을 바꾸려 하지 말고, 대상을 바꾸려는 내 마음을 알아차려야 합니다. '저 사람은 저게 문제야'라고 생각하는 나, '저 사람이 답답하고 싫다'고 느끼는 나를 들여다봐야 합니다. 그 안에 웅크리고 있는 진짜 속마음을 발견해야 합니다.

출가 수행자라고 하지만 저도 크게 다르지 않습니다. 뜻이 맞지 않는 사람과의 인연은 뜻하지 않게 속마음을 들추기도 합니다. 함께 공부하던 스님이 있었습니다. 말수가 적었지만 주장은 강했고, 회의 때마다 의견이 엇갈리면 제 속은 금세 답답해졌습니다. '저 스님만 없으면 일이 빨리 끝날 텐데…' 혼자 끙끙 앓던 어느 날, 그 스님이 먼저 다가와 낮은 목소리로 말했습니다.

"스님, 저는 스님이 부럽습니다. 늘 단호하게 말할 수 있어서요."

그 말을 듣는 순간, 제 안에서 무언가가 무너졌습니다. 제가 불편해했던 건 그 스님의 고집이 아니었습니다. '싫다'는 마음을 내어 스스로 제 속만 끓이고 있었던 것이지요. 스님은 제게 화해의 용기를 알려 주었습니다. 싫어하는 사람에게서 배우는 것이 진짜 수행임을 알게 된 귀한 인연이었습니다.

『법구경』에는 "어리석은 이는 남의 허물을 보고, 지혜로운 이는 자기 잘못을 본다"는 구절이 나옵니다. 남을 탓하기 전에 자기 마음부터 살피라는 뜻입니다. 나를 괴롭히는 건 타인이 아니라, 타인을 바라보는 내 시선입니다. 시선이 바뀌면 관계도 달라집니다.

기업 명상 프로그램에서 만났던 CEO는 직원들과의 갈등이 큰 스트레스였습니다. 사람을 바꾸는 게 제일 어렵다면서 내 맘 같지 않은 직원들의 태도를 하소연했습니다.

"사람을 바꾸는 건 어렵지만, 마음을 바꾸면 세상이 달라집니다. 그 사람의 태도가 마음에 걸리면 잠깐 숨을 고르게 쉬어 보세요."

잠시 생각하던 그의 눈빛이 반짝였습니다.

"처음에는 추상적으로 들렸는데, 조금 알겠습니다. 화를 내기 전 숨을 천천히 쉬어 보겠습니다."

그는 출근 전에 3분 명상을 실천하기 시작했습니다. 이 작은 습관이 회사 분위기를 바꿨다는 말이 들려왔습니다. 회의 전 직원과 다 같이 숨을 세 번 쉬었고, 그 짧은 고요가 뜻이 다른 서로 긴장 관계를 느슨하게 만든 것이지요.

살다 보면 종종 뜻이 맞지 않는 사람을 만납니다. 생각이 다르고, 말투가 다르고, 속도와 리듬이 다릅니다. 우리는 그 다름을 불편해하며 그 사람을 멀리하지만, 불교에서는 그것을 마음공부의 기회라 말합니다. 누군가를 탓하는 마음을 관찰하는 순간, 수행이 시작됩니다. 그러면 내 마음의 그림자와 마주하는 순간이 찾아오기도 합니다.

　　결국 수행은 뜻이 맞든 맞지 않든 수많은 관계와 인연 속에서 이루어집니다. 호젓한 산사에서의 명상보다 사람과 사람 사이의 갈등이 수행의 자양분이 됩니다. 누군가를 미워하는 마음을 달아차릴 때, 그 미움은 더 이상 나를 괴롭히지 않습니다. 어쩌면 우리를 가장 힘들게 하는 사람은, 사실 우리를 가장 성장시키는 사람이 아닐까요? 결국 뜻이 맞지 않는 사람은 나를 성장하게 돕는 존재입니다. 그 사람이 없었다면 내 자만도, 내 분노도, 내 불안도 보이지 않았을 것입니다.

불교에서는 모든 이에게 불성이 있어서 부처님이 될 수 있다고 말합니다. 그래서 만나는 인연 모두가 부처님이니 존중해야 한다고 일러 줍니다. 불교뿐만 아니지요. 공자는 셋이 길을 걷다 보면 반드시 그중에 스승이 있다고 했습니다. 한 명이 그릇된 언행을 한다면 반면교사로 삼고, 한 명이 본보기가 되면 스승이 되는 것이지요. 이 지혜는 동서고금을 막론하고 똑같은 모양입니다. 유대인의 오랜 삶의 철학과 지혜가 담긴 『탈무드』에도 **"만나는 모든 사람에게서 무언인가를 배울 수 있는 사람이 이 세상에서 가장 현명하다"**는 말이 있습니다.

맞지 않는 사람을 통해 비로소 나를 만납니다. 그 사람은 나를 괴롭히는 게 아니라, 내 마음을 직면하게 도와주는 스승입니다. 그리고 이 지혜는 역사상 가장 위대한 발견일지도 모릅니다.

억울함이라는 감정

"억울함을 당해서 밝히려고 하지 말라. 억울함을 밝히면 원망하는 마음을 돕게 되니, 성인이 말씀하시길 '억울함을 당한 것으로 수행하는 문으로 삼으라'고 하셨느니라."
 - 『보왕삼매론』

명나라 묘협 스님이 열 가지 장애를 대하는 수행법으로 정리한 『보왕삼매론』의 한 구절입니다. 억울함(원한)을 갚으려 하거나 밝히려고 하면 더 커지니 그 상황을 자신의 마음을 비우는 기회로 바꾸라는 지혜입니다.

다들 압니다. 한데 쉽지 않습니다. 수행자의 길로 들어선 제게도 버거운 일이었습니다. 출가 후 처음 절집의 일을 맡았을 때였습니다. 저보다 연배가 많은 스님 한 분이 저의 일 처리가 만족스럽지 않았던 모양입니다. 제가 볼 땐 사사건건 간섭이었습니다. "그건 그렇게 하면 안 돼." "왜 혼자 결정했습니까?" 처음엔 참고 들었습니다. 하지만 시간이 갈수록 마음이 흔들렸습니다.

어느 날, 그 스님이 제 의견을 공개적으로 반박했습니다. 얼굴이 후끈 달아오르더군요. 제 뜻도 모르고 지적하는 것 같아 억울함이 치밀어 올랐지만, 내색하지 못했습니다. 그날 밤, 혼자 방에 앉아 불을 끄고 오래도록 그 스님의 얼굴을 떠올렸습니다. '왜 나를 이렇게 무시할까….' 그때 '억울함'이라는 감정을 똑바로 바라보았습니다. 입으로는 지혜와 자비를 떠들면서도, 마음속에는 '나는 옳다'는 고집이 단단히 자리하고 있었습니다. 며칠 뒤, 마침 제 곁에 아무도 없는 시간에 그 스님이 먼저 다가와 말을 걸었습니다.

" 스님, 미안하게 됐습니다. 잘 알지도 못하고 스님의 진심도 모르면서 내가 너무 성급했습니다. 서운했겠지요."

스님의 진정어린 사과에 순간 눈물이 날 것 같았습니다. 억울함이 풀린 것도 좋았지만, 그것보다 '나도 누군가에게 그런 상처를 준 적 있겠다'는 작은 깨달음의 발견은 수행이 흘러갈 방향을 알려 주었습니다. 그날 이후 '억울함'이라는 감정은 또 하나의 화두가 됐습니다.

억울함은 누구나 품고 사는 감정입니다. 누군가에게 오해받을 때, 자신의 진심이 왜곡될 때, 우리는 본능적으로 '내가 피해자'라는 생각에 갇힙니다. 그때 마음은 두 갈래로 나뉩니다. 하나는 분노로 흐르고, 다른 하나는 침묵 속에 자신을 가두고 자기연민으로 숨어듭니다. 분노는 외부를 향하고, 연민은 자신을 묶습니다. 결국 억울함은 타인을 향한 원망이자, 자신을 향한 불신입니다. 그 불신을 알아차릴 때, 비로소 수행이 시작됩니다.

"스스로 어리석다는 사실을 알면 곧 지혜롭고, 어리석음을 모르고 고집하면 참으로 어리석다"는 불교의 지혜가 떠오릅니다. 이 말처럼, 어리석음이든 억울함이든 그것을 자각하는 순간 그 사람은 이미 지혜의 문턱에 서 있는 것입니다. 억울하다는 생각을 알아차리는 순간, 그 감정은 더 이상 억울함이 아닙니다. 그것은 성찰의 첫걸음이 됩니다.

"스님, 팀장이 항상 제 노력과 성과를 자기의 공으로 돌리는 것 같습니다. 정말 억울합니다."

기업 명상 프로그램에 참여했던 어떤 회사의 젊은 직원이 팀장에게 억울한 감정을 품고 있었습니다. 피땀 흘려가며 고생한 자신의 성과를 마치 팀장이 한 것처럼 보고했기 때문입니다. 근사한 아이디어를 내고 이를 발전시켜 구체적인 성과까지 이끌어도 팀원보다는 팀장이 성과를 받는 불합리한 조직의 시스템도 불만이었습니다. 제가 물었습니다.

"계속 그런 태도를 보이는 팀장이 바뀌지 않아서 억울한가요? 아니면 자신이 인정받고 싶은 건가요?"

그는 숨 명상과 감사 일기를 시작했습니다. 두 달쯤 지났나 봅니다. 그가 연락을 해왔습니다.

"감사 일기를 쓰다 보니, 배울 점까지 보입니다. 알고 보니 프로젝트를 진두지휘하면서 팀원들의 부족한 점을 다 보완하면서 결과를 내고 있었습니다. 거리감을 느꼈던 팀장에게 조심스럽게 진심을 전했습니다. 억울했던 부분에 대해 차분히 말했더니, 팀장이 그동안 미안했다면서 제게 이해를 구했습니다."

억울함은 참는다고 사라지지 않습니다. 그 감정을 억누르면 더 큰 분노로 되돌아옵니다. 그러나 그 억울함을 관찰하면, 거기서 배움이 일어납니다. '내가 왜 이런 감정을 느끼는가?' 그 질문을 반복할수록 마음은 투명해집니다. 억울함을 멈추려 하지 말고, 그 안을 들여다봐야 합니다. 그 안에는 자존심과 두려움이 뒤섞여 있습니다. 그 복잡한 마음을 있는 그대로 인정하면, 억울함은 더 이상 나를 묶지 못합니다. 억울함은 그대로인데, 그 억울함을 바라보는 마음이 달라진 것입니다.

"이 세상에서 원한은 원한으로 결코 가라앉지 않는다. 버려야만 가라앉으며, 이는 만고의 진리"라고 『법구경』은 말합니다.

억울함을 푸는 유일한 길이 '용서'라는 말이 아닙니다. 억울함은 '이해'와 '받아들임' 그리고 '내려놓음'으로 풀 수 있다는 뜻입니다. 이해와 받아들임 그리고 내려놓음은 상대를 바꾸는 게 아니라, 나를 자유롭게 하는 일입니다.

새벽 예불을 마치고 법당에 앉아 있을 때면, 그때 그 스님의 얼굴이 문득 떠오릅니다. 스님은 저에게 억울함이라는 수행의 거울을 주었습니다. 그 덕분에 저는 스스로를 볼 수 있었습니다. 지금도 억울한 일이 생기면 먼저 합장합니다.

'감사합니다. 이 마음을 닦게 해주셔서.'

흙은 비를 받아들이며 단단해지고, 사람도 억울함을 받아들이며 마음이 단단해집니다. 당신의 마음엔 아직 풀리지 않은 억울함이 있나요? 그 억울함은 지금 어떤 감정의 모양이 되어 있나요?

'같이'의 '가치'

절집의 하루는 '같이'로 시작해 '같이'로 끝납니다. 새벽 예불 종소리가 울리면 대중은 어둠 속에서 일제히 법당으로 향합니다. 향냄새가 바람을 타고 흐르고, 나무 바닥을 밟는 발소리가 일정한 리듬을 만듭니다. 누군가는 향을 피우고, 누군가는 종을 칩니다. 종소리가 울릴 때마다 새벽 공기가 고요해집니다. 서로 다른 목소리로 독경하지만, 소리는 이내 하나로 모입니다. 그 순간, 너와 나의 경계가 사라집니다. 같이 또 함께 있음은 소리를 하나로 만드는 공명입니다.

출가 후 처음 대중생활을 시작했을 때, 저는 이 '같이'의 의미를 잘 알지 못했습니다. 같은 방, 같은 식탁, 같은 절집에 있어도 마음은 따로 놀았습니다. 때로는 느릿한 동료가 답답했고, 때르는 부지런한 스님이 부담스러웠습니다. 어느 날 청소하다 같이 수행하는 스님이 말했습니다.

"스님, 먼지는 눈에 잘 안 보여도 금세 쌓입니다. 혼자서는 끝이 보이지 않는 일이지요. 저와 스님이 같이 쓸면 잘 보이지 않는 먼지도 금방 깨끗해집니다."

눈에 보이지 않는 먼지는 곧 내 마음속 분별과 같았습니다. 혼자서는 볼 수 없고, 함께해야 비로소 사라집니다. 그때부터 저는 대중 수행이 '나를 닦는 일'이 아니라 '우리의 마음을 닦는 일'임을 배웠습니다.

사람들은 '같이' 혹은 '함께'보다 '앞서가는 법'을 배웁니다. 경쟁은 혼자 이기는 법을 가르치지만, 수행은 같이 걷는 법을 가르칩니다. 혼자 걷는 길은 빠를 수 있지만, 같이 걷는 길은 느리지만 더 큰 변화를 만듭니다. 한 사람의 열 걸음보다 열 사람의 한 걸음이 더 의미 있는 것이지요. 그 차이를 깨닫기까지는 오랜 시간이 걸렸습니다. 빠름보다 깊음을 배우려면 늘 누군가의 발걸음과 함께해야 했습니다.

직장에서 받은 상처로 동료들과 같이 식사하지 못하고 늘 혼자 밥을 먹었던 템플스테이 참가자가 있었습니다. 사람들과 어울리는 게 힘들었고, 그래서 혼자가 편하지만 외롭다고 고백했습니다. 그에게는 동료들과 같이 밥을 먹는 것조차 고역이었습니다. 이틀째 되는 날, 공양 후 그가 조심스럽게 말했습니다.

"스님, 여럿이 같이 먹으니까 밥맛이 다릅니다."

짧지만 확신에 찬 그의 목소리에서 큰 변화가 느껴졌습니다. 그의 얼굴에는 미소가 번졌고, 그 미소가 주방 봉사자의 얼굴까지 번졌습니다.

누군가와 같이 밥을 먹는다는 건 단순히 음식을 나누는 일이 아닙니다. 밥 한 그릇을 통해 마음의 온기를 나누는 일입니다. 숟가락이 부딪치는 소리, 그 작은 소리 속에도 '함께 있음'이 깃듭니다. 우리는 혼자 밥을 먹을 때보다 같이 있을 때 더 느리게 먹고, 더 많이 웃습니다. 그 느림 속에 마음의 문이 열립니다. 혼자 먹는 밥은 주린 배를 채우지만, 같이 먹는 밥은 서로의 마음을 채웁니다.

우리는 종종 '같이'의 '가치'를 잊습니다. 혼자 해낼 수 있다면서 독립심을 자랑하지만, 사실 사람은 서로 기대야 온전해집니다. 우리는 유일무이한 존재이지만, 동시에 불완전한 존재이기에 서로 기대어 살아갑니다. 사람을 뜻하는 '인간(人間)'이라는 말에 '틈 간(間)'이라는 글자가 들어간 이유가 있을 테지요.

숲은 혼자가 아닙니다. 꽃과 나무, 이름 모를 풀, 그곳에 깃들어 사는 풀벌레와 새 그리고 수많은 생명이 모여 숲을 이룹니다. 다른 모습으로 같이 어울리면서 자기 자신만의 모습으로 성장해 갑니다. 사람도 이와 같습니다.

절집에서 일어나는 모든 일은 혼자서는 완성되지 않습니다. 부엌의 한 그릇 공양도, 법당의 한 송이 꽃도, 누군가의 손길이 이어져 있습니다. 서로의 수고가 보이지 않을 때도, 그 수고 덕분에 오늘이 이어집니다. 세속에서도 마찬가지입니다. 가정의 평화, 직장의 화합, 사회의 평등, 모두 '같이', '함께 있음'에서 비롯됩니다. 그 '같이'가 깨질 때 '가치' 또한 무너집니다. 세상이 불안해지고, 마음은 갈라집니다.

저의 멘토이자 영적 스승 틱낫한 스님은 세상에 독립된 존재는 없다고 했습니다. 우리가 시인이라면 종이 안에 떠다니는 구름을 볼 수도 있습니다. 구름이 없으면 비도 없을 것이고, 비가 없으면 나무는 자랄 수 없습니다. 나무가 없으면 당연히 종이도 만들 수 없겠지요. **네가 있기에 내가 있습니다.** '같이'의 '가치'는 여기에도 있습니다.

바이올린 2대를 가만히 놓고, 한쪽 바이올린을 켜면 다른 바이올린은 건드리지 않아도 저절로 공명합니다. 절집 마당에 서 있느라면, 누군가는 묵언으로 걸으며 기도하고, 누군가는 미소를 머금고 청소를 합니다. 그 소리들이 서로 공명하며 하루의 풍경을 만듭니다.

부처 눈엔 부처가, 돼지 눈엔 돼지가

"자세히 보니 대사의 얼굴이 꼭 돼지로 보이는군요."

조선을 건국한 태조 이성계가 국사(國師) 무학 스님에게 툭 던진 모멸적인 말입니다. 알고 보면 다릅니다. 한양으로 도읍을 옮기고 나라가 안정되자 큰 잔치를 연 이성계가 스승으로 모시던 무학 스님에게 흥도 돋울 겸 가볍게 던진 농담입니다. 여기서 한 나라의 스승이던 무학 스님이 어떻게 답했을까요?

"소승에게는 폐하가 부처님으로 보입니다."

흠칫 놀란 이성계를 보며 무학 스님은 아무렇지 않게 다시 이렇게 말합니다.

"부처 눈에는 부처가 보이고, 돼지 눈에는 돼지가 보이는 법입니다."

지금도 쓰이는 이 유명한 말이 주는 메시지가 있습니다. 우리는 타인을 평가할 때, 그 사람 자체를 보는 게 아니라 자신의 마음속 기준과 감정을 투영해서 바라봅니다. 어쩌면 우리가 보는 건 '그 사람'이 아니라 '내가 보고 싶은 모습'일지도 모릅니다. 어떤 언행이든 사람들은 각자의 기준으로 판단하고 말하고 행동합니다. 그래서 알게 모르게 누군가를 비난할 수도 있는 것이지요. 대화의 분위기가 달랐다면, 이 말은 험담이 될 수도 있었습니다. 나의 말 한마디는 누군가에게 상처를 입히기도 하니까요.

무학 스님의 말처럼, 우리는 자신의 눈으로 세상을 봅니다. 부처의 눈에는 부처가 보이고, 돼지의 눈에는 돼지가 보입니다. 이 말은 단순한 비유를 넘어 우리가 타인을 어떻게 바라보는지 되돌아보게 합니다. 누군가를 험담하는 사람은 다른 사람의 단점만을 보려는 시선을 가지고 있을 가능성이 큽니다. 반대로 장점을 발견하면, 그 안에서 배움을 얻기도 합니다.

"저는 말 때문에 사람을 잃습니다 의도는 나쁘지 않았는데, 제 말이 자꾸 상처가 되는 모양이에요. 말로 업을 짓는 것 같아요."

한 신도가 법회가 끝난 뒤 제게 건넨 고민입니다. 가만히 되물었습니다.

"그 말이 나오기 전에, 어떤 마음이 먼저 있었습니까?"

"조급함이요. 그리고 인정받고 싶은 마음이요."

"그렇다면 그 말은 이미 그 마음의 모양을 닮았겠지요."

말은 입에서 나올 때 이미 마음의 그림자를 입습니다. 우리가 하는 말은 그 사람의 마음이 드러나는 가장 솔직한 얼굴입니다. 말이란 마치 양날의 검과 같습니다. 누군가의 가슴에 비수가 되기도 하고, 꽃을 피우기도 합니다. "누구에게든 거친 말을 하지 말라. 뱉은 말은 반드시 되돌아온다. 성내며 하는 말은 괴로움이 된다"라는 오랜 지혜를 잊지 말아야겠습니다. 이와 관련 『법구비유경』의 내용은 한 번쯤 새겨들어야 할 태도입니다.

"나쁜 말과 꾸짖는 말로 뽐내면서 함부로 남을 업신여기면 미움과 원한이 움을 튼다. 공손한 말과 부드러운 말씨로 남을 높이고 공경하며 맺힘을 풀고 욕됨을 참으면 미움과 원한은 저절로 사라진다. **무릇 사람이 이 세상에 날 때 그 입안에 도끼가 생겨 그로써 제 몸을 찍나니 그것은 악한 말 때문이다.**"

저는 말의 무게를 잘 몰랐습니다. 법문 중에 농담을 던지며 사람들을 웃겼지만, 어떤 이는 마음의 문을 닫았습니다. "스님 말이 가볍게 들렸다"는 한마디가 큰 경책이 되었습니다. 그날 밤, 녹음된 저의 설법을 들으며 부끄러움을 느꼈습니다. 저는 진심을 전했다고 생각했지만, 진심은 목소리의 온도 속에 있었습니다. 이후 저는 말을 줄이고, 침묵을 늘렸습니다. 늘 저를 낮추고 상대를 존대하는 습관을 들였으며, 가벼운 웃음에도 메시지가 담긴 말을 하기 시작했습니다.

　　말은 행위 이전의 업(業)이며, 침묵은 그 업을 다스리는 수행입니다. 그래서 말을 다스리는 것은 단순히 예의의 문제가 아니라, 마음을 다스리는 일입니다. 선방에서 수행 중이던 어느 겨울이었습니다. 며칠째 묵언 정진을 하며 아무 말도 하지 않았지만, 제 안은 여전히 시끄러웠습니다. 말하지 않아도 속으로는 끊임없이 생각하고 판단했습니다. '저 스님은 왜 저렇게 앉을까? 저 사람의 자세는 바르네.' 아뿔싸! 묵언은 입을 다무는 것이 아니라, 마음의 분별을 멈추는 일입니다. 말이 침묵해도 다음이 떠들면 진정한 고요가 아닙니다. 그날 이후 저는 말을 절제하기보다, 마음을 가라앉히는 법을 배웠습니다.

한번은 템플스테이에 참여한 어떤 여학생이 울먹이며 말했습니다.

　　"가족과 싸운 후에 화가 나서 너무 심한 말을 했습니다. 그 말을 주워 담고 싶어요."

　　"그 말이 나오기 전에 어떤 마음이 있었습니까?"

　　"그냥 서운했어요."

　　"그렇다면 그 말은 사랑의 다른 모양일 수도 있습니다. 서운함의 깊이만큼 애정이 깊었다는 뜻이지요."

그녀는 잠시 눈을 감더니 고개를 끄덕였습니다.

"그렇게는 생각하지 못했습니다."

그날 밤, 그녀는 가족에게 편지를 썼습니다. "미안해요"라는 네 글자에는 진심이 담겼습니다. 그 네 글자가 그녀와 가족의 상처를 덮었습니다.

부드러운 말은 향기처럼 멀리 퍼지고, 거친 말은 바람처럼 자신에게 되돌아옵니다. 말이란 결국 마음의 파동입니다. 거친 말은 잔잔한 마음에 던진 돌멩이가 되어 파문을 일으키고, 부드러운 말은 연못 위에 떨어진 꽃잎처럼 잔잔히 퍼집니다.

사랑이 남긴 흔적

인간의 삶에서 가장 강렬하고도 복잡한 감정이 있습니다. 바로 사랑입니다. 누군가를 진심으로 사랑한다는 건 그 사람의 존재 자체를 자기 삶의 중심에 두는 일입니다. 때로는 기쁨이지만, 사랑이 끝나고 난 뒤 남겨진 감정은 단순히 그리움은 아닐 겁니다. 그리움이 사무치다 보면 미움과 원망으로 돌변할 수도 있으니까요.

 사랑이 깊었다고 믿었던 만큼, 상실은 더 아프게 다가옵니다. 처음에는 그리움입니다. 같이 보낸 시간, 다정하게 나누던 밀어들, 눈빛 하나까지도 마음속에 선명하게 떠오릅니다. 동시에 왜 나를 떠났는지, 왜 그런 말을 했는지, 왜 그때 나를 이해해 주지 않았는지…. 떠난 이를 향한 수많은 질문은 사랑이란 감정을 미움과 원망으로 둔갑시킵니다.

그러면 감정에 휘둘린 채 돌이킬 수 없는 말을 내뱉고, 상처를 주기도 합니다. 내가 받은 만큼 돌려줘야 한다고 생각하지만, 시간이 지나면 깨닫게 됩니다. 후회는 뒤늦게 찾아옵니다. 감정이 가라앉고, 상황이 다 끝난 뒤에야 우리는 자신의 말과 행동을 돌아봅니다. 그때는 이미 늦었습니다. 아무리 뉘우치고 눈물을 흘려도 이미 관계는 멀어졌고, 마음은 닫혀버렸습니다.

사랑이 미움으로 변하는 모든 감정의 흐름 속에는 집착이 있습니다. 집착은 사랑을 왜곡시키고, 상대를 통제하려는 비뚤어진 욕망으로 변질시키기도 합니다. 뜻대로 되지 않을 땐 오히려 자신을 괴롭히는 감정으로 되돌아옵니다.

"사랑이 끝났다"고 상심한 젊은 친구들을 많이 만났습니다. 9년간 인기 강좌였던 중앙대 '내 마음 바로보기'에서, 동국대 정각원에서, 마곡사 템플스테이에서 그리고 전국 각지에서 만난 청춘들에게 사랑은 최대 관심사이기도 했습니다. 오래 사랑을 나눈 연인과 이별하고 저를 찾아온 그는 상실의 아픔을 꺼냈습니다.

"사랑이 너무 좋은데 너무 아파요. 그 사람을 잊고 싶은데, 잊는 게 더 괴로워요."

누군가의 감정을 함부로 위로할 순 없지만, 저는 본질을 알려줄 수밖에 없었습니다.

"잊으려는 그 마음이 사랑을 붙잡고 있는 건 아닐까요? 그 사람을 놓는 게 아니라, 붙잡고 있는 자신을 놓아야 합니다."

사랑한 시간만큼 잊는 시간도 필요합니다. 그만큼 사랑했던 연인이, 그 연인과의 추억이, 지나가 버린 시간이라는 사실을 받아들이는 데도 시간이 필요할 겁니다. 다행히 그는 사랑이 미움과 원망으로 바뀌기 전에 자신의 마음을 들여다봤습니다. 며칠간 침묵 속에 템플스테이 프로그램에 참여했던 그는 놓아줄 준비를 하고 있었습니다.

"이제 그 사람을 미워하지 않으려고요. 다만 잘 가라고, 미안했다고, 행복하라고 마음속으로 절을 했어요."

불교에서는 애별리고(愛別離苦)라고 합니다. 인간의 8가지 괴로움 가운데 하나로 보고 있을 정도로 사랑하는 이와의 이별은 아픈 감정입니다. 하지만 모든 인연이 조건 따라 생기고 조건 따라 사라지듯, 사랑도 영원하지 않습니다. 그래서 사랑이 가르치는 건 붙잡는 법이 아니라, 놓는 법이 아닐까요? **"나무는 꽃에 집착하지 않아야 열매를 맺고, 강물은 강을 버려야 비로소 바다에 든다"** 는 불교의 오래된 지혜를 되새겨 봅니다.

한참을 울다 조용히 합장하고 돌아서는 그에게 자신을 탓하고 자존감까지 버려가며 괴로워하진 말아 달라고 부탁했습니다.

우리는 사랑을 통해 자신을 배웁니다. 사랑할 때 우리는 마음을 내어주고, 이별할 때 그 마음을 되돌려받습니다. 사랑이 깎고 지나간 자리에는 상처가 남지만, 그 상처가 곧 빛의 틈이 됩니다. 그 틈으로 들어오는 이해와 연민이 나를 변화시킵니다. 그래서 자신의 모든 감정과 뒤늦은 화해를 청하기도 합니다.

저는 어머니와 함께 마지막 여행을 떠났습니다. 아흔의 어머니를 때론 등에 업고 때론 휠체어를 밀면서 전국의 사찰 50여 곳을 순례했습니다. 어머니와 여행이라면 흔히 친밀한 가족과 가는 건데 웬 호들갑이냐고 하실 수 있겠습니다만, 제가 출가하던 당시엔 출가 수행자가 가족과 가까이 지내는 것을 금기시하던 때였습니다. 어머니와 다시 소식을 주고받은 건 출가 후 수십 년이 지난 후였습니다. 그런 어머니의 구순을 맞아 '지구별 마지막 여행'을 계획한 것이지요.

미워도 하고, 원망도 했던 어머니에게 저는 뒤늦게 사랑을 구했습니다. 왜 어릴 때 "사랑한다"고 말해 주지 않았는지 아이처럼 물었습니다. 어머니는 몰라서 묻느냐는 표정으로 이렇게 말씀했습니다.

"너 잘 때 뽀뽀하고 '사랑한다'고 했지."

미처 몰랐습니다. 저는 아버지를 증오했고, 어머니를 원망했던 과거의 나와 비로소 화해했습니다. 거의 3년간 그 여정을 틈틈이 촬영해 영화 〈불(佛)효자〉에 담아 2022년에 공개했습니다. 개봉 한 달 전에 돌아가신 어머니는 비록 영화를 못 보셨지만, 세상과의 인연을 곱게 접으셨습니다.

사랑은 때로 우리를 부수지만, 결국 우리를 바로 세웁니다. 누군가를 깊이 사랑해 본 사람만이 세상의 아픔을 이해할 수 있습니다. 사랑은 집착을 통해 나를 시험하고, 이별을 통해 나를 단련시킵니다.

사랑의 끝은 관계의 끝이 아니라, 성장의 시작입니다. 상대방에게 던졌던 무수한 질문들이 자신에게로 돌아오기 때문입니다. 그러면 진짜 자기 자신과 마주하는 시간이 옵니다. 이 질문들에 하나하나 답해보면서 상대방을 그리고 자신을 더 이해하게 됩니다. 그래서 감사합니다.

저녁 예불 후, 법당에 앉아 있으면 떠난 이들의 얼굴이 문득 떠오릅니다. 그들의 미소와 목소리가 공기 속에 흩어지듯 스며듭니다. 그때마다 저는 합장합니다.

'당신이 있어서 내가 있습니다. 그 인연이 나를 여기까지 이끌었습니다.'

그 마음이 곧 감사이고, 감사가 곧 사랑입니다. 사랑은 사라지지 않습니다. 그 흔적이 남아 우리를 부드럽게 하고, 그 부드러움이 자비가 됩니다.

오늘의 명상

참회

지금 이 순간,
저는 제 마음을 고요히 바라봅니다.
숨을 들이쉬고,
숨을 내쉬며,
지나온 날들을 떠올립니다.

알지 못한 말로 상처를 주었고,
무심한 행동으로 인연을 흐트러뜨렸으며,
어리석은 생각으로 스스로를 괴롭혔습니다.
그 모든 허물 앞에
저는 조용히 머리 숙입니다.

탐욕의 불꽃,
분노의 바람,
집착의 그림자 속에서
저는 길을 잃었습니다.

이제야 깨닫습니다.
고통은 외부에 있지 않고,
내 안의 무명에서 비롯되었음을…
그 무명을 걷어내기 위해
저는 참회의 길을 걷습니다.

저의 몸과 말과 뜻을 내려놓고,
지은 모든 악업을 고백합니다.
다시는 그 길을 따르지 않기를,
다시는 그 어둠에 머물지 않기를
깊이 서원합니다.

참회는 눈물이 아니라
맑은 물입니다.
참회는 후회가 아니라
다시 걷는 첫걸음입니다.

오늘 저는
참회의 숨결로 마음을 씻고,
자비의 빛으로 다시 피어납니다.

이 마음이
저를 맑히고,
세상을 밝히며,
모든 인연을 따뜻하게 하기를 기도합니다.

오늘의 명상

자비와 용서

편안히 앉아, 눈을 감습니다.
숨을 깊게 들이쉬고,
천천히 내쉽니다.
지금 이 순간,
내 안의 고요함을 찾아갑니다.

마음속에 떠오르는 누군가가 있습니다.
나에게 상처를 주었거나,
혹은 내가 상처를 주었거나,
아직도 마음속에 무겁게 남아 있는 그 사람.

그 사람을 조용히 떠올리며
진심을 담아 말합니다.

"당신이 고통에서 벗어나
부디 행복하기를 바랍니다."

그 사람이 겪었을 아픔,
그 사람이 품고 있는 두려움,
그 모든 것을 이해하려는 마음으로 바라봅니다.
그리고 그 고통이 더 이상
그 사람을 묶어두지 않기를 기도합니다.

"당신이 미움에서 벗어나
부디 평화롭기를 바랍니다."

그 사람의 마음속에 있는 분노와 원망,
그 감정들이 부드럽게 풀어지기를 바랍니다.
그 마음이 조금씩 따뜻해지고,
자비로 채워지기를 바랍니다.

"당신이 어리석음에서 벗어나
부디 지혜롭기를 바랍니다."

삶을 더 넓게 바라보고,
자신을 더 깊이 이해하며,
타인을 더 따뜻하게 품을 수 있는
지혜가 깃들기를 바랍니다.

그리고 마지막으로,
나 자신을 향해 말합니다.

"내가 고통에서 벗어나
부디 행복하기를 바랍니다."

"내가 미움에서 벗어나
부디 평화롭기를 바랍니다."

"내가 어리석음에서 벗어나
부디 지혜롭기를 바랍니다."

용서는 타인을 위한 것이기도 하지만,
무엇보다 나 자신을 위한 해방입니다.
그 다음을 품고 살아갈 때
우리는 더 자유로워지고,
더 따뜻해지며,
더 깊은 평화를 향해 나아갑니다.

오늘
당신의 마음이 조금 더 가벼워지고,

조금 더 맑아지기를 바랍니다.

"당신이 고통에서 벗어나
부디 행복하기를 바랍니다."

"나는 충분히 괜찮다. 지금 이대로 나는 온전하다."
감정은 고요한 하늘 같은 마음을 스치는 구름입니다.
당신은 감정이 아니라, 감정을 바라보는 존재입니다.

3
막힌 곳은 뚫고
꼬인 것은 풀고

화를 다스리는 길

화, 이해하고 내려놓기

푸르른 초원에 소 한 마리가 한가로이 누워 있습니다. 적당히 배도 부르고 적당히 내리쬐는 햇살에 적당한 졸음도 몰려왔던 모양입니다. 그런데 갑자기, 아무렇지도 않게, 순식간에 채찍처럼 꼬리를 휘둘러 자신의 배를 때렸습니다. 표정은 여전히 포만감에 젖어 있었습니다. 알고 보니, 배에 붙어 피를 빨아먹는 등에를 죽였던 것입니다.

언젠가 읽었던 다자이 오사무의 『인간실격』에서 인간의 화를 비유한 장면을 떠올려 봤습니다. 무엇이 느껴지나요? 화는 인간의 가장 원초적이고 무서운 본성이자 감정일지도 모릅니다. 한가로이 초원에 누워 있던 소가 순간적으로 꼬리를 휘둘러 배에 붙어 피를 빨아먹는 등에를 죽이는 것처럼, 화는 폭발적이고 폭력적 감정입니다.

그래서 화는 수많은 관계와 상황 속에서 다양한 감정을 경험하는 우리가 가장 다루기 어려운 감정 중 하나입니다. 예상치 못한 상황, 누군가의 말 한마디, 반복되는 스트레스 속에서 우리는 너무 쉽고 당연하듯 화를 일으킵니다. 때로는 그 감정에 휘둘려 후회할 행동까지 하게 됩니다.

"스님, 저는 화를 참을 수가 없습니다. 누가 조금만 건드려도 폭발해요. 화를 내고 나면 후회하지만, 그 순간에는 눈앞에 아무것도 보이지 않습니다."

그는 격정적으로 토해내는 자신의 고백에 스스로 놀란 듯 제 눈을 피했습니다. 화를 부끄러워하면서도, 그것이 자신을 지켜주는 무기라고 생각하는 듯했습니다.

"화가 일어날 때, 그 불씨는 어디서 피어오르나요?"

그는 대답하지 못했습니다. 우리는 흔히 화를 누군가가 일으킨다고 생각하지만, 사실 그 불은 내 안에서 먼저 타기 시작해서 나를 몽땅 불사릅니다. 불이 나무에서 생기지만 나무 전체를 태우는 것과 같은 이치입니다. 누군가의 말이나 행동은 단지 불씨일 뿐, 그 불을 피우는 것은 내 안의 마른 장작, 곧 '나를 지키고 싶다'는 집착입니다.

불교에서는 그것을 '아상(我相)'이라 부릅니다. "나를 무시했다", "내가 옳다", "내가 상처받았다." 이 '나'라는 생각이 불씨를 만나는 순간, 화는 걷잡을 수 없이 번집니다. 화의 본질은 외부의 공격이 아니라, 내 안의 '나'가 만들어내는 방어의 불길입니다. 막지 못하면 남는 건 재뿐입니다. 그래서 "분노에 찬 말은 입을 찌르고 마음을 태움으로써 상대방을 다치게 하니, 그 아픔은 칼에 베이는 것보다 더하다"는 불교의 오랜 격언이 있는 것이지요.

그렇다면 우리는 화에 끌려다녀야만 할까요? 『법구경』에서는 "솟아나는 분노를 마치 폭주하는 수레를 멈추듯 다스리는 사람이 진정한 마부"라고 했습니다. 화의 노예가 되지 말고 화의 고삐를 쥐고 다루는 주인이 되라는 겁니다.

출가한 스님이라고 하지만, 저 역시 부지불식간에 발생하는 화의 불씨를 감당하기 어려웠습니다. 억울한 기억이 떠오를 때면 가슴이 쿵쾅거렸고, 남몰래 이를 악물곤 했습니다. '나는 잘못한 게 없는데 왜 나만 힘들까?'라는 생각이 마음을 꽉 막았습니다.

불교에서는 화를 억누르거나 터트리는 게 아니라, 그대로 알아차리는 게 중요하다고 말합니다. 차분하게 바라볼 수만 있다면, 화를 없애려는 마음조차 또 다른 분노의 불씨였다는 것을 저는 뒤늦게 알았습니다. 분노는 화가 증폭된 감정이고, 십중팔

구 강하게 표출됩니다. 화가 분노로 변질되는 순간 통제하기 어려워지기 마련입니다.

화를 억누르지 않고 바라보기 시작했습니다. 숨이 거칠어지고 가슴이 뜨거워지는 순간, 그 감정에 장단을 맞추거나 혹은 밀어내려거나 억누르려 하지 않고 '지켜보는 연습'을 했습니다. 그러자 신기하게도 화의 열기가 조금씩 식었습니다. 화를 억누르는 게 아니라 화를 바라보는 습관이 들자 화를 내는 횟수가 부쩍 줄었습니다.

화는 억압할수록 모양을 바꿔 다시 나타납니다. 겉으로는 웃고 있어도 속에서는 화의 불길이 들끓습니다. 한 신도가 제게 말했습니다. "스님, 저는 화를 내지 않습니다. 그런데 자주 두통이 옵니다." 그의 몸은 이미 말을 대신해 화를 표현하고 있었습니다. 억눌린 감정은 결국 몸과 마음의 균형을 깨뜨립니다. **화는 없애야 할 감정이 아니라, 분노로 증폭되기 전 이해하고 내려놓아야 할 신호입니다.**

불교에서 '화[瞋]'는 탐(貪)·치(癡)와 함께 세 가지 독 가운데 하나로 여겨집니다. 그러나 그것이 전부는 아닙니다. 우리는 화라는 불이 자신에게서 일어난다는 사실을 알아야 합니다. 불을 두려워하거나 없애려 하기보다, 그 성질을 아는 것이 중요하다는 말입니다. 화는 본래 나쁜 감정이 아닙니다. 그 안에는 '변화하고 싶은 마음', '살고 싶은 마음'이 숨어 있습니다. 그 에너지를 자비로 바꾸면 화는 삶의 원동력이 됩니다.

화를 화로 다스릴 수도 있습니다. '불 화(火)'를 '꽃 화(花)'로 바꾸는 겁니다. 화가 많다면 '그래도 괜찮아', '이만해서 다행이야'라고 되뇌며 자비심을 키우는 명상이 필요합니다. 간혹 콩 심어놓고 팥 나오라고 바라기도 합니다. 지금 자신의 행위가 어떤 씨앗을 심고 있는지 모르는 것이지요. 화를 내려놓는 수행은 그냥 호호호(好好好)입니다. 좋은 행동, 좋은 말, 좋은 생각입니다. 몸과 입, 마음으로 짓는 업을 좋은 방향으로 바꾸는 애씀. 이게 바로 수행입니다.

매일 짧은 시간이라도 자신의 마음을 들여다보는 시간을 갖고, 화가 올라올 때 즉시 반응하지 않고, 잠시 멈추는 습관을 들이는 게 좋습니다. 그 순간의 멈춤이 결국 삶 전체를 바꾸는 시작이 될 겁니다. 긴 시간이 필요하지 않습니다. 일단 일어나면 5분간 조용히 그리고 편안한 자세로 앉아 자신의 호흡을 바라보면 됩니다. 이 연습은 화라는 감정을 즉시 표현하기보다 잠시 침묵하면서 마음을 가라앉히는 습관의 첫걸음입니다.

킬링(Killing)해야 힐링(Healing)

한 여인이 있었습니다. 여느 집의 종이었던 그녀는 항상 주인집을 위해 보리와 콩을 관리했습니다. 그런데 주인집에서 기르던 양이 그녀 몰래 보리와 콩을 먹어버렸습니다. 그 일로 그녀는 주인에게 꾸중을 들었고, 양을 미워하기 시작했으며, 막대기로 때리기까지 했습니다. 양이 당하고만 있을까요? 씩씩거리며 그녀를 들이받곤 했습니다.

어느 날, 손에 막대기 대신 촛불을 든 그녀를 발견한 양은 이때다 싶어 그녀를 들이받았습니다. 화들짝 놀란 그녀가 촛불을 양의 등에 던졌고, 뜨거움을 견디지 못한 양은 사방팔방으로 뛰어다녔습니다. 결국 양의 등에 붙은 불씨는 마을을 태우고 산과 들까지 번지고 말았습니다. 그때 산에 살던 500마리의 원숭이는 미처 불길을 피하지 못하고 한꺼번에 타 죽고 말았습니다.

『잡보장경』에 실린 일화입니다. 아마 불길을 피하지 못한 마을 사람들도 큰 피해를 당했을 겁니다. 미워하는 감정이 화로 번지고, 누르던 화가 분노로 커지면서, 서로 때리고 들이받는 행위로 표출되자 결국 회복할 수 없는 상처를 남겼습니다.

출가 전, 저는 가슴속에 화를 품고 행동으로 분노를 드러내곤 했습니다. 지금은 과거의 나와 화해했지만, 당시엔 분노를 이기지 못했습니다. 깡패들과 어울렸고, 경찰서를 들락거리기도 했습니다. 분노는 복수심으로 번졌고, 아버지를 괴롭히고자 잘못된 결정을 내리기도 했습니다. 천운으로 출가 인연까지 이어지긴 했지만, 자칫 돌이킬 수 없는 상처와 씻을 수 없는 악업을 남길 수도 있었습니다. 분노는 그렇게 흔적을 남깁니다. 그 상처는 상대에게 남기도 하지만, 결국 내 안에 더 깊이 새겨집니다. **바람을 뿌리는 사람은 폭풍을 거두기 마련입니다.**

법당에서 사람들을 만나보면, 많은 이들이 화를 다스리지 못해 분노한 이야기를 털어놓습니다.

"화가 나면 추스르지 못하고, 큰 목소리로 소리치며 분노하는 것 같습니다. 헐크처럼 완전히 초록 괴물이 됩니다. 그 순간이 지나면 얼굴이 화끈거릴 정도로 후회되면서도, 또다시 초록 괴물로 변하는 저를 발견합니다."

그는 화를 주체하지 못하고 분노하는 자신을 견딜 수가 없었습니다. 후회를 반복해도 달라지지 않는 자신에게도 화가 난다고 했습니다. 타이르듯 가만히 듣었습니다.

"분노하기 전 화가 날 때, 어떤 마음이 가장 먼저 올라오나요?"

"사람들이 무례하게 구는 것 같습니다. 그러면 저는 무시당했다는 생각이 들어요."

"그렇습니다. 화는 억울함의 껍질을 쓴 슬픔입니다. 억울함을 뚫고 들어가면 마음속에는 '인정받고 싶은 나'가 앉아 있습니다."

누군가가 나에게 무례한 말을 했을 때, 우리는 즉각 반응합니다. 상황이 닥치면 그 사람이 왜 그런 말을 했는지 생각하기가 정말 어렵습니다. 그런데 분노를 표출한 뒤 시간이 지나서 자초지종을 듣고 나면 이해되는 경우가 더 많습니다.

상대는 무례한 표현이 아니었는데, '인정받지 못했다'는 내 판단이 상대의 말을 무례하다고 지레짐작했을 수도 있습니다. 우리는 나에게 의미 있게 들리는 말만 '좋다', '옳다'라고 여기고 있습니다. 자신의 가치 판단에 따라 유의미하게 인지하는 것이지요. 듣고 싶은 말만, 믿고 싶은 말만 듣는 경향이 있다는 말입니다. 사주나 점을 보러 가서 "내년에 교통사고를 조심하세요"라는 말을 두 사람이 들었다고 합시다. 다행히 교통사고가 나지 않은 한 사람도 "용하다"고 하고, 교통사고가 난 다른 사람도 사고를 미리 조심해서 이 정도에서 그쳤다면서 "용하다"고 했다는 이야기를 들을 땐 그저 웃고 말았습니다.

『법구경』에는 "남의 허물만 찾는 습관에 젖은 사람은 번뇌만 늘어난다"고 했습니다. 이 말은 남의 잘못을 찾기보다 스스로 자기 마음을 살피라는 조언입니다. 의미를 확장하자면, 분노의 방향을 바꾸라는 가르침입니다. 분노를 바깥으로 향하게 하면 상처가 되고, 안으로 돌리면 성찰이 됩니다.

분노를 다스리지 못해 인간관계가 무너진 사람의 이야기를 아직도 기억합니다. 그는 몇 마디 말다툼 이후 친구와 말 한마디 섞지 않았습니다.

"그 친구를 용서할 수 없습니다."

"그 친구를 떠올릴 때, 무엇이 더 괴롭습니까? 친구입니까, 그 친구를 미워하는 나입니까?"

한참 말이 없던 그가 입을 열었습니다. 얼마의 시간이 흐른 뒤 다시 만난 그는 저와 마주한 그날부터 용서의 기도를 올렸다고 했습니다.

"친구를 떠올릴 때 제 마음이 더 괴로웠습니다. 서로 감정이 격했고, 조금 미숙했던 것 같습니다. 시간이 흘러도 모든 게 괜찮아지는 건 아닌가 봅니다. 제 고집부터 죽이고, 먼저 연락해 보려고 합니다."

강연장이든 법당이든 혹은 기업 연수 교육관이든 제가 만난 수많은 사람들에게 입버릇처럼 강조하는 말이 있습니다.

"힐링(Healing)하려면 자신을 킬링(Killing)해야 합니다."

자기 자신을 먼저 들여다보고, 자신을 죽일 때 비로소 진정한 치유와 성찰이 이뤄진다는 뜻입니다. 분노의 상처는 시간이 지나도 완전히 사라지지 않습니다. 그러나 그 상처를 통해 우리는 '마음의 반응'을 배웁니다. 누군가 내 마음을 건드릴 때 그 반응을 바라보는 순간, 수행의 첫걸음을 내딛습니다.

나도 태우고 남도 태운다

"어? 저게 뭐야? 아이고, 불이야 불!"

활활 타오르는 불이 기세 좋게 그의 집을 태우고 있었습니다. 불타는 집처럼 그의 속도 까맣게 타들어 갔습니다. 곧 재가 되어버릴 집도 문제이지만, 아이들이 집에서 놀고 있었습니다.

"불이야! 얘들아~, 불이야 불!! 어서 밖으로 나와!!"

집이 워낙 대저택이라 그런지, 아직 아이들은 불이 집을 삼키고 있는 상황을 전혀 모르고 있었습니다. 그러니 시간 가는 줄도 모르고 놀이에 정신이 팔려 아버지의 목소리를 듣지 못했습니다. 상황은 다급하게 흘러갔습니다.

그는 묘수를 생각했습니다. 아이들이 좋아할 만한 세 개의 장난감이 밖에 있다고 소리치기 시작한 겁니다.

"애들아! 너희들이 좋아하는 사슴의 수레, 양의 수레, 소의 수레를 사 왔다! 어서 밖으로 나와서 가지고 놀아야지!"

신기한 장난감이 있다는 아버지의 목소리를 들은 아이들은 집어서 앞다퉈 뛰쳐나왔고, 아버지에게 장난감을 달라고 보챘습니다. 보채는 아이들의 목소리를 듣던 아버지는 무사히 구했다는 생각에 비로소 안도했습니다.

『법화경』에 있는 삼계화택(三界火宅) 이야기는 비유입니다. 아버지는 부처님, 아이들은 중생, 불타는 집은 삼계(三界), 즉 우리가 사는 세상입니다. 세상이 불타고 있지만 우리는 아무것도 모르고 있다는 이야기입니다. 우리 삶이 탐욕과 집착으로 끝없이 불타고 있다는 뜻이기도 합니다.

이 이야기를 살짝 비틀어 화 혹은 분노라는 감정을 불로 생각해 볼 수 있습니다. 불타는 집은 외부로 표출되는 우리 자신입니다. 화와 분노는 마치 건초더미에 떨어진 불씨처럼 빠르게 자신과 주변을 태우는 강력한 감정입니다. 화가 자신과 주변을 '불타는 집'으로 만들고 있는 겁니다. 내면의 '나'는 활활 불에 타는 자신을 모르고 있는 것이지요.

그날 법회는 유난히 무거웠습니다. 오래 쌓인 피로와 두려움이 느껴지는 목소리로 묻는 한 신도가 있었습니다.

"화가 제 성격이라고 생각했습니다. 이제는 그게 저를 갉아먹는 것 같아 무섭습니다. 화를 내지 않고 사는 방법이 있을까요?"

쉽게 답하기 어려웠습니다. 잠시 침묵했습니다. '화를 내지 않는 삶, 그것은 과연 가능한가?' 그리고 천천히 대답했습니다.

"어떤 조건이 생겨서 자연스레 발생하는 화를 완전히 없애는 것은 불가능합니다. 다만, 그 불이 자신과 남을 함께 태우지 않게 하는 것은 가능합니다."

그는 고개를 끄덕였지만, 여전히 답답한 표정이었습니다. 사람은 누구나 화를 냅니다. 그것은 인간의 본성입니다. 문제는 '화' 자체가 아니라, 그 화가 머무는 시간과 방향입니다. 불은 잠깐이면 빛이 되지만, 오래 붙들면 재가 됩니다. 분노도 같습니다. 순간의 불길을 알아차리지 못하면, 그 불은 나를 태우고 남을 태웁니다. 말 한마디가 관계를 무너뜨리고, 표정 하나가 마음의 문을 닫게 합니다. 저는 그에게 다시 물었습니다.

"그 화는 지금 어디에 있습니까?"

"가슴이 뜨겁습니다. 그런데 이 뜨거움이 나인지, 아니면 나를 태우는 건지는 모르겠습니다."

"화나 노여움, 분노의 불은 몸을 태우기 전에 자기 마음을 먼저 태웁니다. 수행은 화를 억지로 눌러서 분노로 번지게 하는 게 아니라, 그 불이 어디서 일어나는지 바라보는 일입니다."

불교에서는 오래전부터 "솟아나는 분노와 노여움을 다스

리지 못하는 사람은 원한을 마음속에 품으니, 자신도 타인도 괴로움에 머물게 한다"고 말합니다. 화나 분노의 이중성을 분명히 드러내는 지혜입니다. 화는 한쪽만 상처를 내지 않습니다. 나의 불길이 타인을 덮치고, 그 잔불은 다시 내 마음을 태웁니다. 결국 서로를 묶는 업(業)의 고리가 됩니다. 그래서 『잡아함경』에는 "원한을 오래 품지 말고 성내는 마음에도 머물지 말라"는 지혜가 있는 것이지요.

"스님, 회의 중에 직원이 제 말을 무시하듯 행동했습니다. 순간 화가 치밀어 소리를 질렀습니다. 그 직원은 아무 말도 하지 않았고, 며칠 뒤 사직서를 냈습니다."

한 기업을 이끄는 리더가 절 찾아와 꺼낸 말입니다. 그는 긴 한숨을 내쉬며 덧붙였습니다.

"그날 저는 제 권위를 지키려 했습니다. 하지만 지금은 제 마음이 더 부끄럽습니다."

저는 그에게 가만히 말했습니다.

"불길은 바람이 불 때 커집니다. 그 바람이 바로 '내 말'과 '내 생각'입니다."

인정하기 어렵지만, 화나 분노는 파괴의 에너지가 아닙니다. 통찰의 에너지입니다. 화와 분노라는 감정은 사라지는 게 아니라 움직이는 힘인데, 그 힘을 어디에 쓰느냐가 수행의 깊이를 결정합니다. 화와 분노라는 불길을 부추기는 바람이 '내 생각'과 '내 집착'이 아닌지 돌아보는 계기가 됩니다. 또 그 불로 자신과 타인을 태우고, 어떤 이는 그 불로 주변의 어둠을 밝히기도 합니다. 같은 불인데 쓰는 자리에 따라 전혀 다른 결과를 만듭니다.

불교에서는 화를 다스리기 위해 자애심(metta)과 연민(compassion)을 키우는 것을 권장합니다. 다른 사람의 입장에서 상황을 이해하고, 우리의 기대와 집착에서 벗어나려는 노력이 화의 불길을 잠재우는 데 큰 도움이 됩니다.

명상이나 호흡 훈련과 같은 내면의 훈련은 화를 다스리는 데 효과적입니다. 이러한 연습은 순간의 충동에 휘둘리지 않고 보다 차분하게 상황에 대처할 수 있도록 도와주기 때문입니다.

결국 화를 다스리는 것은 단순히 화를 내지 않는 것에서 끝나지 않습니다. 이것은 삶을 바라보는 시선과 마음가짐을 변화시키는 여정입니다. 삼계화택의 불길 속에서도 우리는 그 불을 통제하고, 더 나아가 우리의 마음속 깊은 평화를 찾을 수 있습니다.

종종 법당에 홀로 앉아 촛불을 바라보고는 합니다. 불꽃은 바람에 흔들리지만 꺼지지 않았습니다. 불꽃이 다른 곳으로 옮겨 붙어 불길을 만들지 않고 가만히 제 주변을 밝히고 있었습니다. 불교에서 말하는 화[瞋]는 단지 감정이 아니라, 지혜로 변할 수 있는 에너지라는 사실을 새삼 깨달았습니다. **불은 빛이 될 수도, 재를 만들 수도 있습니다. 모든 것은 내가 그 불을 어떻게 다루느냐에 달려 있습니다.** 수행 중에도 화는 자주 찾아옵니다. 그러나 그때마다 저는 '세 가지 길'을 떠올립니다.

첫째, 멈추기: 불길이 일어나면 호흡을 바라봅니다.
둘째, 자각하기: 화의 원인을 상대가 아닌 내 마음에서 찾습니다.
셋째, 연결하기: 그 불이 나와 타인을 동시에 태운다는 사실을 기억합니다.

화와 분노는 자연스럽게 올라오는 감정이지만, 그것이 나와 남을 태우는 불길로 번지지 않도록 주의해야 합니다. 번뇌의 불길 속에서도 평화와 고요를 선택하는 힘은 우리 자신에게 있습니다.

손가락질할 때 세 손가락

"스님, 저는 그 사람만 보면 숨이 막혀요. 도무지 이해할 수 없는 사람입니다. 말이 통하지 않아요. 어휴…."

차를 마시는 다실의 문을 열고 들어온 그녀는 자리에 앉자마자 푸념을 털어놓았습니다. 다짜고짜 말을 쏟아낸 그녀 앞에 찻잔을 놓고, 따뜻한 차를 따라 주었습니다. 빠르게 뛰는 그녀의 심장박동이 잦아드는 틈을 만든 뒤, 이렇게 물었습니다.

"그 사람을 '내 기준'으로 이해하려고 하지 말고, 먼저 당신의 마음을 보세요."

"아니 그럼, 제가 잘못된 건가요?"

"잘못이 아니라 마음을 쓰는 방향을 바꾸자는 뜻입니다. 우리는 자주 상대를 바꾸려고 하지만, 어디 그게 쉽나요? 사실

나 아닌 다른 사람과의 갈등은 내 안의 모순을 비추는 거울입니다."

한참 고민하던 그녀가 이렇게 말했습니다.

"아…. 어떻게든 제 말을 이해시키려고 제 논리로만 그 사람을 설득하려고 한 거군요. 그런 제 마음이 문제였어요."

무수한 인연과 관계 속에 사는 우리에게 갈등은 피할 수는 없는 일입니다. 단지 나를 괴롭히는 '고통'으로 보느냐, 나의 진짜 마음을 비추는 '거울'로 보느냐에 따라 인생의 방향이 달라집니다. 우리는 종종 상대의 말이나 태도 때문에 괴롭다고 생각하지만, 자세히 들여다보면 괴로움의 뿌리는 '그 말을 받아들이는 내 마음'에 있습니다. 그래서 불교에서는 "타인을 탓하지 말라. 그대의 괴로움은 그대의 마음에서 비롯된다"고 경책합니다. **누군가를 손가락질할 때, 검지와 엄지를 제외한 나머지 세 손가락은 자신을 가리킨다는 사실을 기억해야 합니다.**

같이 절집에 다니던 사람과 사이가 틀어졌다는 그녀는 무척 속상한 얼굴이었습니다. 함께한 시간이 길었고, 마음도 제법 잘 맞았던 모양이었습니다. 그런데도 둘 사이에 갈등이 생겼고, 어찌할 바를 몰랐던 겁니다.

"10년이 넘게 같이 절집에 다녔는데, 사소한 오해로 서로의 잘잘못을 따진 뒤부터 말 한마디 하지 않고 있어요."

"먼저 손을 내밀어 보는 건 어떨까요?"

"그 사람이 제게 사과해야 하는데, 왜 제가 먼저 사과해야 합니까?"

"그 관계에서 지금 더 괴로운 쪽은 누구입니까?"

말이 없던 그녀가 입술을 뗐습니다.

"저요."

"그렇다면 먼저 용서를 구하는 건 상대를 위한 일이 아니라, 당신 자신을 위한 일입니다."

차츰 그녀의 눈가가 젖었습니다.

"스님, 용서가 이렇게 어려운 일인지 몰랐습니다."

"어렵지만, 그 순간부터 수행이 시작됩니다."

며칠 후 찾아온 그녀의 얼굴에는 웃음꽃이 피어 있었습니다.

"화해했어요 스님. 용기를 내서 먼저 전화했는데, 저처럼 괴로웠다고 해요. 마음이 한결 가벼워졌어요."

갈등은 "내가 옳다", "네가 틀리다" 하면서 서로의 옳고 그름을 가리는 일이 아닙니다. 자신의 마음을 직면하는 계기가 되는 것이지요. 자비심을 갖고 용서로 마무리할 수 있다면 더할 나위가 없습니다.

멀리서 찾을 필요도 없습니다. 저 역시 용서가 제 수행을 넓고 깊게 만들었습니다. 어머니와 자식을 두고 다른 분에게 갔던 아버지를 용서했습니다. 이제는 "저처럼 잘 생겼던 아버지가 스카우트되어서 갔다"라고 웃으며 말할 수 있을 정도로 괜찮아졌습니다. 아버지를 용서하고 과거의 저 그리고 그때의 감정들과 화해했기 때문입니다.

자세히, 천천히 그리고 인내심을 갖고 살펴보시면 압니다. 갈등의 밑바닥에는 항상 '자존심'이 숨어 있습니다. 내가 틀리지 않았다는 확신, 내가 인정받아야 한다는 욕망… 이 마음을 지키려 할수록 더 상처받습니다. 자존심은 불안의 다른 이름이고, 불안은 이해받고 싶은 마음의 울음입니다. 그 울음을 외면하지 말고, 자비로 품을 때 비로소 갈등이 멈춥니다.

불교에서는 '연기(緣起)'를 말합니다. 모든 관계는 서로의 조건에 의해 일어납니다. 상대가 나를 화나게 하는 것도, 내가 상대를 받아들이는 방식에 달려 있습니다. 갈등을 피하기보다 그 속에서 마음의 작용을 관찰하면, 갈등이 일어나는 순간이야말로 자비를 배우는 자리입니다.

마음의 방향을 바꿔보십시오. "웃어라. 그러면 세상이 너와 함께 웃을 것이다"는 말처럼 나와 세상이 바뀝니다. 이것은 놀라운 발견이자 위대한 지혜입니다. 미국의 사상가이자 현대 심리학의 시초로 불리는 윌리엄 제임스는 이런 말을 남겼습니다.

"우리 세대의 가장 위대한 발견은 인간이 자기 마음자세를 바꿈으로써 삶을 바꿀 수 있다는 사실을 발견한 것이다."

막힘을 푸는 지혜

어느 해 겨울, 산사의 수로가 막혔습니다. 물은 위에서 아래로 흘러야 하는데, 얇은 얼음 막이 물길을 막고 있었던 겁니다. 손 끝으로 툭 건드리자 물길을 막던 투명한 얼음이 금세 갈라졌고, 물은 막힘없이 흘러야 할 곳으로 흘렀습니다. 여기서 지혜가 반짝였습니다. **막힘이란 흐름이 있다는 증거입니다.**

우리는 매일 크고 작은 막힘과 마주합니다. 일이 뜻대로 풀리지 않을 때, 관계가 어긋날 때, 마음이 답답할 때…. 그 모든 순간을 막힘의 순간이라고 볼 수 있습니다. 누구나 마음이 막힙니다. 이유 없이 불안하거나, 감정이 복잡하게 얽혀서 아무 일도 손에 잡히지 않습니다.

그럴 땐 자기 감정을 있는 그대로 보는 게 도움이 됩니다.

'나는 지금 불안하구나', '나는 지금 지쳐있구나' 이런 식으로 감정을 말로 표현하고 인정하면, 막혔던 마음에 작은 틈이 생깁니다. 그 틈을 통해 숨이 들어오고, 숨이 자주 드나들면 막힌 곳이 뚫려 감정이 정리되곤 합니다.

프랑스 철학자 파스칼은 『팡세』에서 "인간이 모든 불행은 오직 한 가지, 자신의 방(내면)에 조용히 머무는 법을 알지 못하는 데서 비롯된다"고 했습니다. 마음이 막히면 하루에 10분, 아니 5분 만이라도 조용한 곳에서 자신의 호흡을 지켜보는 게 도움이 됩니다. 명상이라고 거창하게 이름 붙이지 않아도 좋습니다. 단지 들숨과 날숨을 따라가면서 숨을 쉬는 지금 그 순간에 오롯이 존재하면 됩니다. 이때 눈을 꼭 감는 것을 추천합니다. 눈을 감아야 마음이 흐르는 소리가 들립니다. 그러면 막힌 곳이 어딘지 알 수 있습니다.

수행 중에도 마음이 자주 막힙니다. 기도 중에는 후회와 불안이, 명상 중에는 잡생각이 끼어듭니다. 그러나 오래 앉아 있다 보면 알게 됩니다. 막힘이란 잠깐이고, 내 마음이 어딘가로 흐르고 있음을 알려주는 신호라는 것을요. 흐름을 거부하지 않으면, 막힘은 스스로 풀립니다.

막힘이란 길이 사라졌다는 뜻이 아니라, 잠시 멈춰서 흘러갈 방향을 살피라는 신호입니다. 강물이 어떤 이유로 막혀서 잠시 흐르지 못한다고 해서 강이 없어진 것은 아닙니다. 다만 잠시 고여 있을 뿐입니다. 시간이 지나면 다시 흐릅니다. 우리 인생의 막힘도 같습니다. 멈춘 자리에 반드시 배울 게 있기에, 우리는 잠시 그곳에 서 있는 것뿐입니다.

불교에는 "자신이 지은 번뇌에 자신이 물들고, 자신이 악업을 짓지 않으면 청정해진다"는 가르침이 있습니다. 쉽게 말하면 "마음의 매듭을 스스로 푸는 자만이 평화를 얻는다"는 정도의 뜻입니다. 모든 막힘의 시작과 끝이 내 마음에 달렸다는 겁니다. 타인이나 환경이 문제인 듯 보이지만, 사실은 흘러가던 내 마음이 멈춰 있을 뿐입니다.

출가 초, 오랫동안 막혀 있던 시절의 저는 '서서 보는 법'을 배웠습니다. 명상도, 기도도, 노력도 모두 내려놓고 그저 숨이 들어오고 나가는 것을 지켜보았습니다. 그러자 조금씩 마음이 풀리기 시작했습니다. 결국 막힘을 푸는 열쇠는 바깥이 아니라 마음 안에 있습니다. 세상이 막힌 게 아니라, 내 마음이 흘러가야 할 길을 닫아놓은 것입니다. 마음의 방향을 돌리면, 길은 저절로 열립니다.

직장을 관두고 새로운 일을 시작하려던 중년 남성이 템플스테이에 참여한 적이 있습니다. 4대 보험과 연차가 보장됐고, 특히 꼬박꼬박 들어오는 월급으로 가족과 안정적으로 생활하던 그에게 도전은 위험한 도박일 수도 있었습니다. 가장으로서 가족 부양이라는 책임감의 무게는 절대 가볍지 않으니까요. 그래서 그는 새로운 시작을 주저했습니다.

"스님, 시작이 너무 어렵습니다. 새로운 일에 도전하려는 마음이 어느 순간 막혀서 나아가지 못하고 있습니다."

"길이 보이지 않는 이유는 아직 걸음을 내딛지 않았기 때문입니다. 막힘은 두려움이 만들어낸 그림자입니다."

템플스테이 내내 제 말을 곱씹던 그는 수개월이 지난 뒤 제 앞으로 보낸 편지에 이렇게 적었습니다.

"스님, 저는 이제 두려움을 없애려 하지 않기로 했습니다. 그저 그 두려움을 안고 걸어가려 합니다. 그러자 막혔던 마음이 조금은 열렸습니다. 길이 막힌 게 아니라 저 스스로 멈추고 있었습니다."

인생에서 가장 큰 막힘은 상황이 아니라 '자신을 향한 불신'입니다. 나는 해낼 수 없다는 생각, 이 길이 틀렸다는 두려움, 그 불신이 마음의 문을 닫습니다.

삶은 늘 흐릅니다. 그 흐름은 마음의 방향입니다. 세상은 우리에게 끊임없이 멈추고, 다시 걷고, 또 멈추라 말합니다. 그 속에서 우리는 비로소 자신을 봅니다. 멈춘 자리에서 고요를 배운 사람은, 어디서도 막히지 않습니다.

중년 남성의 편지를 받은 날, 지난 겨울에 얼었던 그 수로를 찾아가 봤습니다. 얇고 투명한 얼음 막 대신 바람에 떨어진 낙엽이 엉켜 물이 제대로 흐르고 있지 못했습니다. 슬며시 낙엽을 건졌습니다.

    길은 언제나 열릴 수 있습니다. 막혔다고 생각하는 건 단지 내가 걸음을 멈추고 있을 뿐입니다. 그 깨달음이 온전히 자리 잡았을 때, 마음은 잔잔한 물결처럼 흘러갔습니다. 막힘을 두려워하지 마십시오. 그 막힘은 멈춤의 선물이며, 멈춤은 흐름의 문을 여는 지혜입니다.

남이 님이 되고, 악은 약이 되고

'몹시 갈증이 나는구나. 어디 마실 물 없나?'

눈을 뜨자 아직 칠흑같이 어두운 밤이었습니다. 당나라 국경 근처에서 하룻밤 신세 지러 들어왔던 동굴은 작은 불빛 하나 없이 어두컴컴했습니다. 종일 걸었던 탓인지 목이 말랐습니다. 옆에서 깊이 잠든 의상을 깨울 수는 없었고, 한 치 앞도 분간하기 어려워 주변을 손으로 천천히 훑었습니다. 순간, 바가지 같은 물체가 손에 걸렸습니다. 물이 찰랑거리는 소리가 들렸습니다. 바가지를 들고 물을 벌컥벌컥 마셨습니다.

'시원하다! 갈증이 싹 가시는구나. 이렇게 달디단 물이 또 있을까?'

갈증을 해결하고 나니, 세상 부러울 게 없었습니다. 다시 잠자리에 들었고, 아침이 찾아왔습니다.

"으악!"

괴성을 듣고 놀라 잠에서 깬 의상이 물었습니다.

"스님, 갑자기 무슨 일입니까?"

"제가 어젯밤 마셨던 물이 해골에 고인 물이었습니다. 간밤에는 그렇게 달더니, 아침에 보니…."

그 순간 원효는 심한 구역질을 했습니다.

'아! 지난밤 마신 시원한 물이 오늘은 구역질하는 역한 물이 되었다니….'

원효는 '모든 것은 마음먹기에 달렸다'는 이치를 깨닫고, 당나라 유학을 포기했습니다. 이 이야기는 너무나 유명한 원효대사 해골 물 설화입니다. 사실 원효는 해골 물을 마시지 않았다는 게 정설로 여겨집니다. 『송고승전』에 따르면, 원효와 의상은 해가 져 갑자기 노숙해야 하는 상황에서 동굴에서 묵었습니다. 한데 다음 날 보니 사람의 뼈가 흐트러져 있는 무덤이었습니다. 동굴이 아니라 무덤이라는 사실을 알고 난 뒤 하룻밤 더 노숙했는데, 그날 밤엔 귀신 꿈에 시달려 힘들었다는 겁니다.

역사적 사실이든 아니든 본질은 똑같습니다. 모든 것은 마음먹기에 달린 것이지요. 컵에 반쯤 남은 물을 보고 어떤 사람은 "이것밖에 없네"라고 불평을 늘어놓지만, 어떤 사람은 "반이나 남았네"라며 시원하게 마시는 것과 같습니다. 지나친 욕심을 품으면 결핍이 생기고, 세상은 부족함으로 가득합니다. 화나 분노를 품고 살면, 세상 모든 것은 적이 되기 마련입니다. 하지만 반대로 자비를 품고 지혜롭게 살면 고요한 평화가 마음을 감쌉니다.

『법구경』, '깨달음의 노래'로 불리는 이 경전의 첫 마디가 "마음이 모든 일의 근본이다"라는 말입니다. 불교의 모든 사유가 출발하는 자리입니다. **마음은 획 하나 차입니다. 남은 님이 되고, 짐은 잠이 되고, 벌은 별이 되고, 악은 약이 됩니다.** 마음이 기쁘면 세상은 천당이 되고, 마음이 괴로우면 세상은 지옥이 됩니다. 지옥이 따로 있는 게 아니라, 우리 마음이 그것을 만들고 있는 것입니다. 그래서 마음의 환승을 잘해야 합니다.

언젠가부터 불평불만을 버릇처럼 입에 달고 산다는 중년 여성이 저를 찾아왔습니다. 다실 문이 잘 안 닫히는지 들어오자마자 "문이 왜 이렇게 뻑뻑하냐"는 말부터 꺼냈습니다. 저는 조용히 차를 우려 예쁜 찻잔에 담아 주었습니다.

"남편과 자식이, 아니 도대체 세상이 왜 이런 걸까요? 제 뜻대로 되는 게 하나도 없어요 스님."

"세상이 뜻대로 되지 않는다는 건, '내 뜻'이 세상을 바꾸려고 한다는 뜻입니다. '내 뜻'을 내려놓으면 세상은 더 이상 당신에게 달려들어 괴롭히지 않을 겁니다."

멋쩍게 차를 홀짝거리던 그녀는 가만히 합장 인사하고 다실을 떠났습니다. 다시는 오지 않을 듯했던 그녀가 이번엔 다실 문을 조용히 닫고 앉더니 이렇게 말했습니다.

"스님, 요즘은 그저 세상을 관찰하고 있습니다. 세상이 제 뜻대로 되지 않는 게 당연하다는 걸 뒤늦게 알았어요. 신기하게도 일이 조금씩 풀립니다."

마음이란 하늘과 같아서 구름이 아무리 드리워도 본래의 푸름은 변하지 않습니다. 구름은 잠시 지나갈 뿐, 하늘은 언제나 그대로 있습니다. 괴로움이 지나간 뒤에야 비로소 알게 됩니다. 지옥을 만든 것도 나였고, 그 지옥을 벗어난 것도 나였다는 사실을요.

생각한 대로 마음먹은 대로

1864년 영국에서 태어난 소년은 어린 시절 아버지를 따라 미국으로 이주했습니다. 아버지의 파산과 죽음으로 15세 때부터 가정의 생계를 책임져야 했던 그는 일찍 결혼해 영국계 대기업 경영자의 비서로 일을 했습니다.

그러다 틈틈이 읽어 왔던 톨스토이의 작품에 영향을 받아, 돈을 벌고 소비하는 데 모든 것을 바치는 삶이 무의미하게 느껴졌습니다. 그래서 38세가 되었을 때, 묵상하는 삶을 살고자 직장을 관두고 영국 남서부 해안의 작은 마을로 이사했습니다.

이 마을에서 톨스토이의 가르침대로 자발적 빈곤, 영적인 자기 훈련을 하며 검소한 삶을 살았습니다. 기독교의 말씀 속에 있는 지혜를 가슴 깊이 새기고, 동양 고전에서 많은 깨달음을 얻으며 글쓰기와 명상 그리고 정원 가꾸는 일을 하면서 정신적인 삶을 보냈습니다. 10년 동안 삶을 성찰한 다수의 작품을 남겼고, 거기서 나오는 적은 인세 수입으로 살다가 48세에 죽고 말았습니다. 이후 세상은 뒤늦게 발견한 그의 천재성과 영감에 놀랐습니다.

20세기 '신비의 작가'로 불리는 제임스 앨런의 이야기입니다. 『원인과 결과의 법칙: 사람은 생각하는 대로 살게 된다(As a Man Thinketh)』는 120년 동안 전 세계 1억 5천만 독자에게 감동을 준 불멸의 베스트셀러가 됐습니다. 그의 사상도 데일 카네기나 나폴레온 힐 같은 자기계발의 대가에게 영향을 미쳤습니다. '인생철학의 아버지'라는 별칭답게 그의 책에는 단순한 자기계발서를 넘어 인생에 대한 심오한 성찰과 지혜가 담겨 있습니다.

"인간은 자신이 생각한 대로 존재한다."

이 말 때문입니다. 영국의 대작가 이야기를 먼저 꺼낸 이유입니다. 그가 남긴 말은 "마음이 모든 일의 근본"이라는 불교의 오랜 지혜와 맥락이 거의 같습니다. 결국 생각이나 마음이 원인이고 삶은 그로 인한 결과라는 겁니다. 살아가는 데 있어 우리의 생각이나 마음이 중요하다는 얘기입니다. 그가 불교를 먼저 만났다면 훌륭한 고승이 될 수도 있겠다는 생각도 조심스럽게 해 줬습니다.

마음의 방향을 바꾸고 삶의 방향을 바꾼 사람이 또 있습니다. 촉망받던 청년이 저를 찾아왔습니다. 연세 학생 벤처센터에 입주한 뭉크(Munc)의 창업 멤버로, 사회에 진출해서는 소셜게임 개발사 루비콘게임즈의 창업 멤버로 활동했습니다. 벤처 1.5세대 청년 창업가이자 능력 있는 게임개발자였던 그가 저를 찾아와 이렇게 말했습니다.

"성취감도 크지만, 자꾸 마음이 행복에서 점점 멀어지고 있다는 느낌이 듭니다. 인생의 정답은 어디에 있는 건가요? 해야 할 일은 알겠는데 마음이 따라 주질 않아요."

"행복이란 수평선 저 멀리 있지 않습니다. 당신의 발끝에, 사실은 당신의 마음에 달렸습니다."

저와 대화를 나눈 이 청년은 훗날 스님이 됐습니다. 그리고 노량진 고시촌 마음충전소, 동대입구역 마음환승센터는 물론 자비명상 프로그램까지 항상 저와 함께 길을 걷고 있습니다. 최근엔 하버드대학에서 비교종교학 석사학위를 받고 돌아와 자비명상을 퍼뜨리고 있는 저의 제자입니다.

우리는 모두 더 나은 환경, 더 좋은 사람, 더 안정된 자리를 찾아 헤맵니다. 하지만 세상이 아무리 달라져도 마음이 그대로면 괴로움은 늘 같은 자리에 뱀처럼 똬리를 틀고 있습니다. 삶을 바꾸는 것은 상황이 아니라, 그 상황을 바라보는 마음입니다.

　세상은 언제나 마음의 그릇만큼 담깁니다. 마음이 넓으면 작은 일에도 감사가 피어나고, 마음이 좁으면 큰 행복도 불안으로 바뀝니다. 세상은 나를 괴롭히지 않습니다. 다만 내 마음이 자신과 세상을 괴롭히고 있었을 뿐입니다.

　새집으로 이사 온 젊은 부부가 있었습니다. 우연히 옆집 건조대를 보게 되었는데, 건조대에 걸린 빨래가 너무 더럽게 보였다고 합니다. 처음에 아내는 깨끗하지 않은 빨래를 보면서 세탁기 고장이니, 질이 나쁜 세제를 썼느니 하면서 투덜거렸습니다. 그러나 다음 날, 그다음 날도 더러운 빨래를 본 아내는 결국 게으른 옆집을 탓했습니다. 그러던 어느 날, 옆집 빨래가 깨끗한 걸 본 아내가 놀라워했습니다. 아내를 지긋이 바라보던 남편이 이렇게 말했다고 합니다.

　"여보…. 우리 집, 창을 닦았어."

　자기 집의 더러운 창 너머로 바라본 옆집 빨래가 깨끗할 수는 없는 노릇입니다. 깨끗해진 창으로 본 세상이 맑은 것이지요. 수행은 마음이라는 자신의 창을 닦아 세상을 달리보고 삶을 바꾸는 것입니다.

　불교에서는 '마음 경영'이라는 말을 자주 씁니다. 경영이란 단순히 관리가 아니라, 방향을 잡는 일입니다. 마음이 향하는 곳이 바로 삶이 가는 곳입니다. 삶이 막혔다면 마음의 방향이 잠시 길을 잃은 것이고, 삶이 다시 흐른다면 마음이 올바른 자리에 있는 것입니다.

모든 고통의 해결도, 모든 행복의 시작도, 결국 마음입니다. 마음을 바꾸면 세상은 달라집니다. 삶의 해답은, 언제나 마음에 있습니다.

오늘의 명상

마음

지금 이 순간,
나는 내 마음을 바라봅니다.

마음은 보이지 않지만,
모든 것을 보고, 듣고, 느낍니다.
몸은 가만히 있어도
마음은 끊임없이 움직입니다.

기쁨이 떠오르고,
슬픔이 스쳐가며,
분노가 일어났다가
자비로 씻겨 내려갑니다.

마음은
하늘처럼 넓고,
물처럼 흐르며,
불처럼 타오르고,

땅처럼 고요합니다.

내 마음은
때로는 나를 괴롭히고,
때로는 나를 일으킵니다.
그러나 그 모든 작용은
내가 알아차릴 때
비로소 멈추고,
비로소 맑아집니다.

마음은 실체가 없습니다.
그러나 모든 것을 만들어냅니다.
생각을 만들고,
감정을 만들고,
세상을 해석합니다.

나는 묻습니다.
이 마음은 어디서 왔는가.
이 마음은 무엇을 원하는가.
이 마음은 어디로 가는가.

그리고 조용히 답을 해 봅니다.
마음은 인연 따라 일어나고,
인연 따라 사라지며,
그 사이에서
나를 가르칩니다.

마음은 스승입니다.
마음은 길입니다.
마음은 나 자신입니다.

지금 이 순간,
나는 내 마음을 바라보며
고요히 숨을 쉽니다.

오늘의 명상

감정

지금, 편안한 자세로 앉거나 누워 봅니다.
눈을 감고, 숨을 깊게 들이쉬고…,
천천히 내쉽니다.

나는 아무것도 하지 않아도 괜찮습니다.
그저 이 순간에 머물러 봅니다.

지금 내 마음속에 어떤 감정이 떠오르나요?
기쁨일 수도 있고, 불안일 수도 있고,
혹은 아무 감정도 없을 수도 있습니다.
괜찮습니다.
모든 감정은 그냥 지나가는 손님입니다.

숨을 들이쉬며,
그 감정을 있는 그대로 느낍니다.
판단하지 않고, 바꾸려 하지 않고,
그저 바라봅니다.

숨을 내쉬며,
그 감정이 내 몸에 어떤 느낌을 주는지 살펴봅니다.
가슴이 답답한가요?
어깨가 무거운가요?
그 느낌도 그냥 바라봅니다.

나는 감정이 아닙니다.
나는 감정을 바라보는 존재입니다.
내 마음은 고요한 하늘,
감정은 그 위를 스치는 구름입니다.

감정은 떠오르고, 머물다, 사라집니다.
그 흐름을 따라가며,
나는 점점 더 고요해집니다.

이제, 숨을 한 번 깊게 들이쉬고,
천천히 내쉬며,
이 순간의 평온함을 느낍니다.

"나는 충분히 괜찮다.
지금 이대로,
나는 온전하다."

"괜찮아. 잠시 쉬어도 돼."
비우고, 바라보고, 숨 쉬며 나는 다시 살아갈 힘을 얻습니다.
내려놓음은 나를 사랑하는 가장 깊은 방식입니다.

4
덜어낼수록 더 깊어진다

비움의 기술

발목까지 차오른 물

초겨울 아침, 절집 마당을 바라보며 불현듯 헛헛함을 느꼈습니다. 울긋불긋 곱던 단풍이 사라지고, 마당엔 낙엽이 뒹굴고 있었습니다. 바람결에 모였다 흩어지고, 다시 모였다 흩어졌습니다. 뭔가 허허롭다는 생각이 스치던 찰나, 스치듯 짧은 깨달음과 마주했습니다.

'낙엽은 낙엽대로 썩어서 봄을 위한 거름이 될 것이고, 나무들도 봄을 맞이할 준비를 하려고 나뭇잎을 떨구는구나. 저들은 저대로 흘러가며 부족함이 없구나. 그런데 난 아직도 찬란하던 가을 풍경을 붙잡고 지금, 이 순간을 온전히 살아가는 존재들을 보지 못하고 허허롭다면서 불만족스러워하는구나.'

살아가면서 우리는 수많은 욕망과 목표를 품고 살아갑니

다. 더 나은 삶, 더 많은 성취, 더 깊은 관계, 더 큰 자유…. 이러한 욕망과 갈망은 우리를 움직이는 원동력이자 엔진이기도 합니다. 다만, 때로는 삶을 지치게 하고 마음을 혼란스럽게 만들기도 합니다. 그러다 엔진에 과부하가 오게 되면 오지도 가지도 못하게 됩니다. 그럴 때면 문득 "행복이란 무엇인가?"라는 질문이 떠오릅니다. 그리고 그 질문에 대한 답을 우리는 종종 너무 멀리서 찾으려 합니다. 하지만 뜻밖에도, 그 답은 아주 가까운 곳에 있습니다.

'만족(滿足)'이라는 단어는 일상에서 자주 사용되지만, 그 구성에 대해 깊이 생각해 본 적은 많지 않습니다. '만(滿)'은 '가득하다', '차다' 혹은 '채우다'는 의미를 지니고 있습니다. 이는 감정이나 상태가 충분히 채워졌다는 것을 나타냅니다. 재밌는 사실은 '족(足)'이라는 글자는 단순히 '발'을 뜻하는 글자가 아니라는 점입니다. '충분하다'는 뜻도 가지고 있지요. 이 '발'이라는 글자가 왜 '만족'이라는 단어에 쓰였는지 살펴보면 놀라운 철학을 발견할 수 있습니다.

'만족'은 '물이 발목까지 차오른 상태'를 뜻합니다. 즉, 발이 잠길 정도로 채워졌을 때, 더 이상 넘치지 않고 멈추는 것. 그것이 바로 '만족'입니다. 이 정의는 단순한 언어적 해석을 넘어, 삶의 균형과 절제 그리고 행복의 본질을 꿰뚫는 통찰을 담고 있습니다.

현대 사회는 끊임없는 성장을 요구합니다. 더 높은 연봉, 더 넓은 집, 더 많은 팔로워…. 우리는 늘 '더'를 향해 달려갑니다. 하지만 그 끝은 어디일까요? 욕망은 채워질수록 더 커지고, 만족은 멀어져만 갑니다.

예를 들어, 스마트폰을 새로 바꾸는 상황을 떠올려 보겠습니다. 처음에는 최신 기기를 손에 넣었을 때 큰 만족을 느낍니다. 하지만 몇 달이 지나면 더 좋은 모델이 출시되고, 우리는 또다시 갈망하게 됩니다. 결국 만족은 잠시뿐이고, 욕망은 계속해서 우리를 몰아갑니다. 이럴 때 '발목까지 찼을 때 멈추는 것'이라는 만족의 철학을 떠올려 보면, 지금 손에 쥔 것만으로도 충분하다고 생각할 수 있습니다.

모두에게 '행복'이란 말은 큰 화두인 듯했습니다. 항상 입꼬리를 올리고 웃음으로 모두를 대하는 제가 신기하다는 듯 묻기도 합니다.

"행복은 어디에서 오나요?"

"그건 발목에서 옵니다."

"발목이요?"

"그렇습니다. 물이 발목까지 차오를 때, 사람은 시원함을 느낍니다. 그러다 허리까지 차면 춥게 느껴지고, 가슴까지 차면 숨이 차고, 머리까지 차면 익사하지요. 행복도 그와 같습니다. 너무 많이 채우려 하면 오히려 큰 고통이 됩니다."

비유가 적절했던 모양입니다. 이 말을 들으면 대부분 잠시 생각하고 고개를 끄덕입니다. 그리고 이렇게 답합니다.

"스님, 행복이란 게 차고 넘친다고 마냥 좋아할 일은 아니었군요."

"맞습니다. 행복은 충만함이 아니라 균형입니다. 부족하지도 넘치지도 않는 그 자리가 행복의 자리입니다."

세상은 끊임없이 우리에게 '더 가지라'고 속삭입니다. 그리고 내 마음도 '더 가지라'고 부추깁니다. 더 높은 자리, 더 큰 집, 더 많은 인정…. 하지만 '더'를 좇는 동안, 우리는 '지금'을 잃습니다.

동서고금을 막론하고 눈 밝은 이들은 이미 우리에게 지혜를 전했습니다. 소확행의 원조인 그리스 철학자 에피쿠로스는 "만족을 모르는 사람에게는 어느 것도 충분하지 않다"고 했습니다. 불교에서는 멋진 비유로 지혜를 드러내고 있습니다. 이를테면 '하늘에서 신비한 보물이 비처럼 쏟아져도, 욕심내는 자는 결코 만족할 줄 모른다'고 하는 것이지요. 그래서 불교에서는 '지족(知足)'이라는 말이 있습니다. 이 말이 극락세계 중 하나인 도솔천의 어원이라는 사실이 흥미롭습니다. 도솔천에는 스스로 만족할 줄 아는 사람들이 모여 산다고 합니다. 세상

사람 모두가 만족할 줄 알면 지구촌이 바로 도솔천이 되지 않을까요?

다시 '만족'으로 돌아가 보겠습니다. '만족'의 한자 의미는 이 무한한 욕망의 흐름에 제동을 걸어 줍니다. 발목까지 찼을 때, 그만두는 것. 넘치지 않게, 흘러넘치지 않게. 그것이 진정한 행복이라는 메시지를 전합니다. 이는 단순한 절제가 아니라, 스스로의 경계를 인식하고, 그 안에서 충분함을 느끼는 능력입니다.

많은 사람이 행복을 '무언가를 얻었을 때'라고 생각합니다. 하지만 만족은 '더 이상 필요하지 않을 때'에 가까운 개념입니다. 발목까지 찬 물은 걷기에 적당하고, 넘치지 않아 불편하지 않습니다. 그 상태가 바로 '적당한 행복'입니다.

'만족'이라는 단어는 단순한 감정 상태를 넘어, 삶의 태도를 말해 줍니다. 우리는 흔히 '성공'이나 '성취'를 삶의 목표로 삼지만, 그 끝에 진정한 만족이 있는지는 의문입니다. 오히려 적당한 채움 속에서 멈출 줄 아는 사람이 더 깊은 행복을 누릴 수 있습니다.

이러한 삶의 태도는 법정 스님의 '무소유' 철학과도 깊이 연결됩니다. '무소유란 아무것도 갖지 않는 것이 아니라, 불필요한 것을 갖지 않는 것'입니다. 행복한 삶의 본질을 꿰뚫는 지혜입니다. 우리가 진정으로 필요한 것만 지니고 살아갈 때, 마음은 가볍고 삶은 깊어집니다.

　우리는 항상 '행복해지기 위한 조건'을 찾습니다. 하지만 조건이 충족되어야 행복할 수 있다면, 그 행복은 언제나 불안합니다. 조건이 사라지면, 그 행복은 어떻게 될까요? 불교에서 말하는 행복은 조건의 총합이 아니라, 마음의 통찰입니다. 그 통찰이란 "이만하면 괜찮다"는 허락입니다. "이 정도면 충분하다"는 한마디 안에 행복의 비밀이 있습니다.

　오늘도, 순간순간, 저는 자문합니다.

　"지금, 이 순간 나는 이미 충분한가?"

각설탕 하나 빨래집게 하나

머리부터 발끝까지 딱 10cm인 소녀를 아시나요?

나이는 열네 살, 이름은 아리에티입니다. 호기심 많은 그녀는 엄마 아빠와 함께 교외의 오래된 저택 마루 밑에서 삽니다. 마루 위 사람들에게 들키면 그곳을 떠나야만 합니다. 그래서 사람들의 물건을 몰래 빌려 쓰며 삽니다. 사실은 훔치는 게 아닙니다. 필요한 것만 빌려서 씁니다. 항상 많이 가지고 있는 사람들에게 그녀가 빌리는 것들은 큰 게 아닙니다.

각설탕 한 개, 빨래집게 한 개 사라진다고 사람들은 눈 하나 깜짝하지 않습니다. 빌려 쓰는 게 마냥 쉬운 일이 아닙니다. 쥐와 싸우고 바퀴벌레에 쫓기며 살충제를 피하는 등 목숨을 걸어야만 하지요. 그래서 그녀는 마루 위 사람들이 궁금합니다.

그녀에게 그토록 소중한 것들이 마루 위 사람들에게는 왜 하찮은 것인지. 만약 그 사람들이 자신처럼 소인(小人)이면 어땠을까 상상합니다. 빌린 것들이 너무 소중하고, 각설탕 하나면 충분한 그녀의 마음처럼 마루 위 사람들도 그럴까요?

얼마 전, 지브리 스튜디오의 장편 애니메이션 〈마루 밑 아리에티〉를 너무 감명 깊게 봤습니다. 아리에티를 통해 저는 무언가를 끊임없이 또 많이 가지려는 마루 위 사람들, 즉 우리의 욕망을 봤습니다. 그래서 아리에티를 통해 제 생각을 각색해 봤습니다.

결핍은 욕망의 다른 말입니다. 부족하다고 느끼는 순간 끊임없이 원하게 됩니다. '그것만 가질 수 있다면'이라고 갈망하지만, 어디 그럴까요? 원하는 게 수중에 들어오면, 빛이 나던 그것은 매력이 사라집니다. 이제 또 다른 결핍이 욕망을 불러일으킵니다.

우리는 종종 이렇게 말합니다. "조금만 더 가지면, 조금만 더 오르면, 마음이 편해질 거야." 하지만 그 '조금 더'가 바로 괴로움의 시작입니다. 가득 채우면 흘러넘치고, 덜어내면 고요해집니다. 불교에서 말하는 '무소유(無所有)'는 모든 것을 버리는 극단이 아니라, 갖지 않아도 불안하지 않은 상태, 즉 '비워도 흔들리지 않는 평안'을 의미합니다.

등이 굽은 할머니가 찾아온 적이 있습니다. 지난 세월만큼 흰머리가 소복이 내려앉은 그녀는 입가에 미소를 띠고 말했습니다.

"스님, 예전엔 집에 물건이 많아야 안심이 됐는데, 요즘은 정리하고 나면 마음이 시원합니다."

그녀는 오랜 세월 동안 가족의 짐과 추억을 버리지 못했습니다. 집을 가득 채운 모든 것에 자신의 손길이 닿지 않은 게 없었습니다. 그러니 집안의 모든 물건이 마치 그녀 자신의 삶 그 자체인 듯해 집착한 것입니다. 시간이 지날수록, 짐과 추억은 '더' 늘어났고, 그녀의 굽은 등은 '더' 휘어갔습니다. 하지만 조금씩 물건을 정리하면서 달라진 것이었습니다. "비운 만큼 가족의 자리가 생기네요"라고 말하는 그녀의 등은 굽었지만, 얼굴은 폈습니다.

불교는 '덜 가지는 용기'를 알려 줍니다. 세상은 '더 많이'의 논리로 움직이지만, 그 속에서 진짜 자유는 '덜어냄' 속에 있습니다. 소유는 쌓일수록 불안을 낳고, 비움은 비울수록 고요를 낳습니다.

템플스테이에 왔던 한 직장인은 첫날부터 피곤해 보였습니다. 그의 가방은 노트북과 각종 서류로 가득했고, 머릿속엔 해야 할 일들이 그보다 더 많았습니다.

"오늘은 그 가방을 두고, 그냥 걸어보세요."

그는 제 말이 채 끝나기도 전에 눈빛이 흔들렸습니다. 불안해 보였습니다.

"스님, 혹시 급한 일이 생기면요?"

"세상은 잠시 당신이 없어도 괜찮을 겁니다."

그는 결국 스마트폰을 맡기고 산책하러 나갔습니다. 해가 뉘엿뉘엿질 무렵, 돌아온 그는 더없이 편안해 보였습니다. 말을 들어 보니, 그날 그는 처음으로 '비움의 자유'를 배웠습니다.

"스님, 아무 일도 일어나지 않았어요. 그런데 마음이 이렇게 가볍습니다. 비운 게 아니라, 잠시 놓은 것뿐인데 세상이 조용해졌어요."

적게 가진 사람이 가난한 게 아닙니다. 어쩌면 더 많은 것을 갈망하는 사람의 마음이 더 가난합니다. '만족(滿足)'이라는 단어처럼 행복은 더 채울 때 오는 게 아니라, '이만하면 충분하다'고 느낄 때 비로소 옵니다. 가득 찬 그릇은 흘러넘치고, 억지로 더 채우려고 한다면 그릇은 언젠가 깨지기 마련입니다.

가득 찬 그릇은 채울 수 없지만, 덜 찬 그릇은 세상을 담을 수 있습니다. 비움은 때로 외로움처럼 보입니다. 그러나 그것은 새로운 관계가 들어올 자리를 마련하는 것입니다. 가득 찬 잔엔 아무것도 더 담을 수 없습니다. 비운 잔에만 차 한 잔의 향기가 담깁니다. 마음도 같습니다. 비워야 향기가 납니다.
　새벽의 절집 마당에는 밤새 내린 이슬이 풀잎 끝에 맺혀 있습니다. 차가운 공기가 피부에 닿고, 멀리서 풍경소리가 은은하게 울립니다. 가득 찬 것은 하나도 없습니다. 그런데도 세상은 충만합니다. 소유가 아니라 존재의 숨결이 공간을 채우고 있습니다. 뭔가 비어 있는 듯하고 덜 차오른 그 장면을 바라보고 있으면 마음이 벅차오릅니다. 삶의 아름다움은 채움에 있는 게 아닙니다.

내려놓음의 용기

"사람 살려!"

인적이 드문 산길을 걷던 한 스님이 누군가의 비명에 깜짝 놀랐습니다. 수년간 오갔던 이 산길에서 사람 그림자 하나 보지 못했기에 꿈인지 생시인지 분간하기 어려웠던 겁니다. 아무튼 스님은 절박한 소리가 들리던 곳으로 황급히 뛰어갔습니다.

가서 보니 나뭇가지를 붙잡고 매달린 사람이 보였습니다. 스님은 어찌 된 영문인지 물었습니다.

"거 누구시오? 저 좀 살려 주시오. 눈이 어두운 장님이다 보니 그만 발을 헛디뎌서 이렇게 됐습니다. 제발 살려 주시오."

자초지종을 들은 스님이 매달린 사람의 위아래를 급히 살펴봤습니다. 한데 아래를 보니 뛰어내려도 다치지 않을 높이에 매달려 있던 겁니다.

"지금 잡은 그 나뭇가지를 놓아버리시오. 그러면 삽니다."

손에 힘이 빠져 곧 나뭇가지를 놓칠 것 같았지만, 장님은 스님의 말을 곧이곧대로 믿지 않았습니다.

"허튼소리 마시고, 어서 살려 주시오. 나뭇가지를 놓치면 천 길 낭떠러지로 떨어질 것이오. 그러지 마시고 부디 구해 주시오."

그러던 중 손에 힘이 빠진 장님은 그만, 나뭇가지를 놓치고 말았습니다. '나 죽었네' 싶었겠지만, 엉덩방아만 찧었을 뿐 아무런 상처도 입지 않았습니다.

우리도 이 이야기 속 주인공처럼 붙잡고 있는 게 목숨줄인 양 살고 있습니다. 재물은 물론 붙잡고 있는 감정이나 기억 등 모든 것을 내려놓고 있지 못하는 것이지요.

출가 전, 저도 늘 붙잡는 사람이었습니다. 관계도, 분노도, 과거의 상처도 쉽게 놓지 못했습니다. 세상을 향한 불만이 나 자신을 조이고 있었습니다. 그 무게를 버티지 못해 끝내 무너졌고, 오대산의 찬바람 속에서 눈을 감았습니다. 시절인연이 없었다면 지금 이렇게 자비명상으로 사람들과 교류하며 지낼 수 없었습니다.

우리는 흔히 '내려놓음'을 버림이나 잃음으로 오해합니다.

그러나 진짜 내려놓음은 '되찾음'입니다. 저는 아버지와 어머니를 되찾았고, 마음의 평온을 되찾았습니다. 놓지 못하는 건 집착이고, 집착은 결국 자신을 묶는 밧줄이 됩니다. 놓을 줄 아는 용기가 바로 자유의 문을 여는 열쇠입니다. 놓음은 단순한 감정의 억제가 아니라, 미움의 자리에 사랑이 들어올 공간을 여는 일입니다.

아들의 죽음을 받아들이지 못한 어머니가 템플스테이를 찾아왔습니다. 그녀는 밤마다 절집 마당을 거닐며 흐느꼈습니다.

"그 아이를 생각하면 가슴이 무너져 내려요. 잊을 수가 없습니다."

"잊는 게 아닙니다. 품어야 해요. 미어지는 마음을 밀어내지 말고, 부드럽게 안아보세요."

돌아오지 않는 과거와 그때의 감정, 미안함과 화해하고 자신을 용서해야 했습니다. 한데 어느 부모가 자식 잃은 슬픔을, 사랑하는 자식과의 추억을 잊겠습니까. 그녀는 먼저 떠난 아이를 붙잡고 있어야 했습니다. 그래야 사랑했다는 기억을 붙잡고, 더 사랑해 주지 못한 자신을 미워할 수 있었습니다. 그 미움으로 아이를 기억하고 사랑했던 추억을 떠올렸습니다.

"더 이상 아이를 잃은 저 자신을 미워하지 않기로 했어요. 미워하면 계속 그 자리에 묶일 것 같아요. 자신을 스스로 괴롭히는 엄마를 보면 아이도 힘들어할 테니까요. 이제 놓아주는 시간을 가지려고 합니다."

'내려놓음'은 물질적인 작용뿐 아니라 정신 작용인 마음의 상태를 뜻합니다. 스스로 마음 '내려놓기'를 잘하고 있는지, 아니면 마음에 이것저것 닥치는 대로 가득 채우고 끙끙거리며 무겁게 붙들어 매고 있는지 살펴야 합니다.

무엇을 어떻게 내려놓아야 하는지를 몰라서 답답할 수 있습니다. **내려놓음의 대상은 '집착'입니다. 욕심을 내서 붙잡고 있는 그 마음을, 그 생각을 내려놓아야 하는 겁니다.** 집착을 내려놓을 때 마음의 평온에 이를 수 있습니다.

내려놓는다는 건, 마음속의 판단을 잠시 멈추는 일이기도 합니다. '맞다, 틀리다' 혹은 '옳다, 그르다'는 나의 기준, 그 기준에 대한 집착이 사라질 때 우리는 비로소 세상을 있는 그대로 봅니다. 저는 명상 중 의식적으로 제 마음에 이렇게 묻습니다. '지금 붙잡고 있는 건 무엇인가?' 때로는 욕심, 때로는 두려움, 때로는 자존심이 손에 쥐어진 돌처럼 무겁습니다. 돌을 쥔 손을 펴서 돌을 내려놓는 순간, 양손을 모아 기도할 수 있습니다.

내려놓음에는 붙잡지 않는 용기가 필요합니다. 비우고 아래로 내려놔야 합니다. **종은 비워야 소리를 멀리 보내고, 강은 아래로 흘러야 바다에 이릅니다.**

비워야 채울 수 있다

밤새 비가 내린 절집에서 흔히 마주하는 풍경이 있습니다. 마당의 돌그릇에 빗물이 고여 있는데, 아침 햇살이 비치면 반짝이는 윤슬이 아름답습니다. 하지만 아침까지 비가 계속 내려서 돌그릇에서 물이 흘러넘치면, 반짝임도 사라집니다. 그릇이 가득 차면 더는 빛을 담지 못합니다. 비워야 채울 수 있습니다.

　이 단순한 자연의 이치를 우리는 종종 잊고 삽니다. 삶이 막히고 답답할 때, 우리는 더 채우려 합니다. 더 배우고, 더 쌓고, 더 가져야 해결될 것이라 믿습니다. 하지만 채움은 일시적인 안도일 뿐, 마음이 가득 찬 채로는 아무것도 들어올 수 없습니다. 그래서 불교에서는 "가득 찬 그릇에는 법(法)이 머무르지 못한다"고 경책합니다. 마음이 비어야 깨달음이 머무르고, 텅 빈 자리에는 법(法)이 머물게 됩니다.

'비워야 채운다'는 이치를 단박에 깨닫게 해주는 유명한 일화가 있습니다. 일본 메이지 시대(1868~1912)의 이야기입니다. 메이지 시대는 서양 문물이 도입되던 일본의 근대화가 이뤄진 시기였습니다. 어느 날, 일본의 유명한 고승에게 대학교수 한 사람이 찾아왔습니다. 선(禪)에 관한 가르침을 받으러 온 것이었습니다.

스님은 교수에게 차를 대접했습니다. 한데 찻잔에 차를 가득 따르고 잔이 넘치는데도 멈추지 않고 계속 차를 부었습니다. 당연히 찻물이 찻잔에서 흘러넘쳐 주변을 적시기 시작했습니다. 교수는 이 광경이 도무지 이해되지 않았습니다. 찻잔이 계속 넘치는 것을 더는 참지 못하고 소리쳤습니다.

"스님, 잔이 넘칩니다. 그만 하시지요."

그 말을 듣고 스님은 이렇게 말했습니다.

"선생의 마음이 바로 이 찻잔과 같습니다. 이 잔처럼 이미 선생은 선입견과 지식으로 가득 차 있습니다. 그러니 선생이 먼저 마음을 비우지 않는다면, 선(禪)이 어떤 것인지 말씀을 드린다 한들 무슨 소용이 있겠습니까?"

비움은 단순히 물건을 버리는 것만을 의미하지 않습니다. 마음의 짐, 불필요한 생각 그리고 과거의 상처를 내려놓는 것도 포

함됩니다. 비움으로써 우리는 새로운 것을 받아들일 공간을 만들 수 있습니다. 가을에 나무가 잎을 떨어뜨려 겨울을 준비하고, 다시 봄에 새싹을 틔우는 것과 같은 이치입니다.

그래서 비움은 채움의 시작입니다. 우리는 비움을 통해 새로운 것을 받아들일 준비를 할 수 있습니다. 마음을 비우고, 불필요한 것들을 내려놓음으로써 진정한 행복과 평온을 찾을 수 있습니다.

기업 연수 프로그램 마지막 날, 한 직장인이 조심스럽게 물었습니다. 책임감이 강했던 그는 과중한 업무에 시달리면서도 성과를 내고 있었습니다.

"저 책상엔 시장조사와 소비 트렌드 분석 등 온갖 서류가 쌓여 있습니다. 막상 일을 시작하면 모르지만, 출근해서 처음 제 책상과 마주하면 가슴이 답답합니다."

"책상이 너무 무겁습니다. 책상도 마음도 쌓이면 움직이지 않습니다."

"그건 일이 많은 게 아니라, 저 욕심이 많은 거였군요. 내일부터 한 가지씩 덜어내겠습니다."

프로그램 내내 적극적으로 참여한 그는, 1주일 후 다시 연락이 닿았습니다.

"참 묘합니다. 스님. 책상에 불필요한 것을 버리고 비웠더니 일의 능률이 무척 올랐어요. 출근만 하면 답답하던 마음도 사라졌고요. 물론 일은 줄지 않았습니다. 하하하."

노자는 『도덕경』에서 "진흙을 이겨 그릇을 만들지만 그 속이 텅 비어야 그릇으로 쓰이고, 문과 창문을 뚫어 방을 만들지만 그 안이 텅 비어야 방으로 쓰인다"고 했습니다. 비워야 채울 수 있습니다. 비움은 잃음이 아니라 회복이며, 공(空)은 텅 빔이 아니라 충만의 또 다른 이름입니다. 의상 스님은 '우보익생 만허공(雨寶益生 滿虛空), 중생수기 득이익(衆生隨器 得利益)'이라고 했습니다. **하늘에 가득한 보배로운 비가 내려도 내 마음의 그릇만큼 받습니다. 적게 비우면 적게 채우고, 크게 비우면 크게 채웁니다.** 그릇을 바다처럼 넓히고 허공처럼 비워서 자비와 지혜로 채워간다면, 분명 세상이 달리 보이고 삶도 달라집니다.

    삶이란 본래 흐르는 강물 같습니다. 물길이 막히고 고이면 썩지만, 흘러가면 맑아집니다. 비움은 그 흐름을 회복하는 일입니다. 욕심과 두려움이 막은 둑을 허물면, 삶은 다시 흘러갑니다. 그 흐름 속에서 관계도, 기쁨도, 자연스레 제자리를 찾아갑니다.

욕망은 불씨, 탐욕은 불

욕망이 나쁜 걸까요? 욕망은 나쁘지 않습니다. 다만, 욕망이 나를 끌고 다니면 괴로워질 뿐입니다. 사람은 기대와 희망으로 삽니다. 무언가를 향해 나아가는 마음이 없다면, 삶은 금세 멈춰버립니다. 문제는 욕망이 방향을 잃을 때입니다. 무언가를 원하고 이루려는 마음이 '탐(貪)'이 되고, 집착이 '불만'으로 자라나면 그 욕망은 마음을 잠식하기 시작합니다.

"강한 욕망보다 위험한 불이 없다"고 불교에서는 말합니다. 불씨가 욕망이라면 탐욕은 거세게 타오르는 불, 즉 강한 욕망과 같습니다. 갈증을 일으키는 욕망이 타는 목마름에 이르면 탐욕이 됩니다. 욕망에 집착이 달라붙어 그 욕망을 탐하고 또 탐하게 되는 것이지요. 세상을 집어삼킬 듯 거세게 타오르는 불을 잡을 수 있는 게 물이듯, 우리 내면에서 끓어오르는 탐욕을 잡는 데 자비심보다 나은 것은 없습니다.

불교에서는 욕망을 칼로 무 자르듯 악으로 단정하지 않습니다. 그저 그것이 '어디서 일어나는가?'를 보는 것이지요. **녹은 쇠에서 생기지만, 어느샌가 쇠 전체를 녹슬게 만듭니다.** 우리는 어디에서 녹이 시작되는지 잘 관찰하고 알아차려 녹을 제거해야 합니다.

 욕망의 근원은 대상이 아니라 마음의 갈증에 있습니다. 욕망은 외부의 자극에서도 오지만, 자기 마음에서 불씨가 붙습니다. 하루는 한 기업인이 제게 물었습니다.

 "욕망이 잘못된 것은 아니지 않습니까? 매출을 더 올려야 회사도 더 확장하고 직원들 더 연봉도 올려 줄 수 있습니다. 모두 다 행복하게 잘 살 수 있지 않나요?"

 쉬지 않고 말을 쏟아내는 그에게 저는 가만히 물었습니다.

 "그 '더'는 어디를 향해 있습니까?"

 그는 잠시 생각하더니 대답했습니다.

 "모르겠습니다. 그냥 멈추면 불안해요."

 "그 불안이 바로 욕망의 그림자입니다. 불안은 결핍을 가장한 욕망이지요. 잘 돌이켜 보십시오. 이미 회사는 충분히 성장했고, 직원들도 만족하며 직장 생활을 하고 있을 겁니다. 가족들도 일찍 퇴근해서 시간을 함께하는 아버지에게 고맙게 느끼고 있을 거예요."

　　욕강을 채워도 채워지지 않는 이유는, 그릇이 작아서가 아니라 바닥이 뚫려 있기 때문입니다. 채움의 끝에는 늘 또 다른 결핍이 기다립니다. 욕망의 본질은 끝이 없다는 데 있습니다.

　　제가 볼 때 '욕망은 불씨, 탐욕은 불'입니다. 욕망은 여러 가지 대상을 향해 불씨를 일으킵니다. 항상 아름답고 좋은 것만 보려고 하는 마음, 추하고 미운 것은 외면하려는 마음도 욕망의 한 형태입니다. 이 마음이 강해지면 탐욕이 되는 것이지요. 좋은 것은 '더' 소유하려고 하고, 싫은 것은 '더' 멀어지려고 합니다. '좋다, 싫다'는 내 기준이 불씨에 기름을 붓는 격입니다.

　　거세지는 탐욕의 불길에 취해 즐겁다고 생각한다면 불길은 더 타오르고 자신을 타 태우고 나서야 후회하게 됩니다. 욕망의 불씨를 먼저 잡거나, 탐욕의 불길을 끄는 일은 억누르는 게 아닙니다. 물을 뿌리거나 산소를 줄이거나 불에 타는 대상을 제거하는 게 불길을 잡는 가장 빠르고 현명한 방법입니다.

사회 초년생이던 청년이 템플스테이에 온 적이 있습니다. 성취욕이 엄청 강했던 청년이었습니다.

　　"이만큼 해도 부족한 것 같아요. 그래서 불안합니다."
　　"부족한 게 무엇입니까?"

"잘 모르겠습니다. 그냥 더 해야 할 것 같아요."

"그 '더'의 끝에는 무엇이 있나요?"

아직 마음을 살피는 힘이 부족했던 그는 대답하지 못했습니다. 욕망은 이해를 통해 사라집니다. 욕망을 미워하면 그것은 더 커지고, 욕망을 관찰하면 그것은 힘을 잃습니다. 욕망을 다스린다는 건, 그것을 없애는 게 아니라 방향을 바꾸는 일입니다. 불교에서 욕망의 반대말은 금욕이 아닙니다. '자각'입니다. 욕망을 알아차릴 때, 욕망은 더 이상 내 마음의 주인이 아닙니다.

어떤 불은 언 손발을 녹이는 따뜻함으로 다가가지만, 어떤 불은 소중한 것을 태워버리는 두려움으로 들이닥칠지도 모릅니다. 불길이 어디로 향하는지 잘 살펴서 땔감을 넣는 일은 오직 자기 자신의 몫입니다.

겸손은 힘들어

"인생은 겸손에 대한 오랜 수업이다."

　너무도 유명한 이 명언은 『피터 팬』을 쓴 스코틀랜드 출신 소설가이자 극작가 제임스 M. 비리의 말입니다. 겸손이란 한 번에 완성되는 게 아니라, 인생 전체를 통해 배우고 익혀야 한다는 뜻입니다.

　겸손은 단순히 자신을 낮추는 태도만을 의미하지 않습니다. 자신을 과대평가하지 않으며, 타인의 존재와 가치를 존중하는 마음입니다. 겸손한 사람은 자신의 부족함을 인정하고, 타인의 조언과 비판을 열린 마음으로 받아들일 수 있습니다. 이는 곧 자기 성찰과 성장의 기본이 되며, 인간관계에서도 신뢰를 쌓는 중요한 요소로 작용합니다.

불교에서는 겸손을 '무아(無我)'의 실천으로 바라보기도 합니다. 자아에 대한 집착을 내려놓고, 모든 존재가 서로 연결되어 있다는 인식 속에서 살아가는 것이 진정한 겸손의 모습입니다. 이러한 겸손은 단순한 도덕적 미덕을 넘어, 삶의 방향성과 태도를 결정짓는 철학적 기반이 됩니다.

그러나 현실은 그리 녹록지 않습니다. SNS를 비롯한 디지털 플랫폼에서는 자신을 드러내고, 인정받고자 하는 욕구가 더욱 강하게 표출됩니다. 팔로워 수, 좋아요 수, 외적 성취는 곧 개인의 가치로 평가되면서 겸손은 때로 '자신감 없음'이나 '소극적 태도'로 오해받기도 합니다. 조직이나 사회 내에서 경쟁이 치열해질수록, 자신을 부각하는 능력이 생존의 조건처럼 여겨지기도 합니다.

이런 환경에서는 겸손이 오히려 불리하게 작용할 수 있다는 인식이 생기며, 사람들은 점점 더 자신을 높이려는 방향으로 움직이게 됩니다. 하지만 이러한 태도는 결국 내면의 불안과 타인과의 갈등을 초래하며, 진정한 만족과 평화를 얻기 어렵게 만듭니다.

"벼는 익을수록 고개를 숙인다"는 옛말이 있습니다. 벼가 알곡을 가득 품을수록 그 무게를 이기지 못해 고개를 숙이는 자연의 이치에서 발견한 표현입니다. 지식이나 인격이 깊은 사람일수록 겸손하다는 뜻을 담고 있습니다. 겉으로 잘난 척하거나 거들먹거리는 사람이 아닌, 진짜로 '익은 사람'은 조용하고 부드럽게 행동한다는 교훈인 것이지요.

　자기를 높이려는 마음은 오히려 자신을 해치고, 자기를 낮추는 태도는 삶을 이롭게 합니다. 불교의 이 오랜 지혜는 벼가 익을수록 고개를 숙이는 모습과 닮았습니다. 결국 진정한 성숙은 겸손에서 비롯되며, 그 겸손은 타인을 존중하고 자신을 돌아보는 데서 시작됩니다.

『잡보장경』에서는 "인색하거나 성내지 않고 모함하지 않으며 벙어리처럼 침묵을 지키고 쓰러진 풀처럼 겸손한" 사람을 지혜롭다고 합니다. 높고 낮음을 가르지 않고, 잘난 사람과 못난 사람의 경계를 없애는 것, 그것이 진짜 겸손입니다. 불교에서는 이 마음을 '하심(下心)'이라 합니다. 마음을 낮춘다는 건, 자신을 버린다는 뜻이 아니라 모든 생명 앞에서 자신을 고르게 두는 일입니다.

　마음이 낮아질수록 세상은 넓어지고, 시야가 넓어질수록 욕심은 줄어듭니다. 많은 이들이 겸손을 오해합니다. 겸손하면 손해 본다고, 세상은 자신을 드러내야 인정받는다고 말합니다. 그러나 겸손한 이는 자신을 작게 보는 것이 아니라, 세상을 더 크게 보는 사람입니다. 그런 마음을 가진 사람의 발자국은 가

법습니다. 매주 절에 나와 자원봉사를 하던 중년 여성이 법문이 끝나자, 제게 다가와 말했습니다.

"스님, 저는 늘 인정받고 싶습니다. 제가 하는 일을 칭찬해 주지 않으면 실망스럽고, 마음이 불안해요."

"칭찬은 꽃향기와 같습니다. 잠시 향기로울 뿐, 곧 바람에 날아갑니다. 사라질 향기를 붙잡지 마세요."

"아… 스님 이제야 알겠습니다. 묘하게 마음이 편합니다. 사라질 그 향기가 흘러가도록 두겠습니다."

불교에서는 겸손한 이를 더럽든 더럽지 않든 모든 강물을 받아들이는 바다로 비유합니다. 그래서 겸손한 이는 남의 말에 귀 기울이는 사람, 남의 슬픔을 공감하는 지혜로운 사람입니다. 낮은 곳으로 흐르는 강물은 잠시 멈추더라도, 주변의 흙부터 천천히 적십니다. 그러다 다시 아래로 흐르는 길을 찾아 흘러가며 세상을 적시다 바다에 이르는 것이지요.

저는 법문 시간에 종종 이렇게 말씀드리곤 합니다.

"세상에는 세 가지 손이 있습니다. 두 가지는 만질 수 있고 눈으로 볼 수도 있는 오른손과 왼손입니다. 나머지는 보이진 않지만, 타인이 느낄 수 있는 겸손입니다. 오른손, 왼손 그리고 겸손으로 살면 멋진 인생을 살아갈 수 있습니다."

이 말에는 삶의 균형과 조화를 향한 바람이 담겨 있습니다.

오른손은 능력과 행동을, 왼손은 배려와 감성을 그리고 겸손은 그 모든 것을 품는 마음의 자세를 상징합니다. 이 세 가지가 조화를 이루는 삶은 타인과 더불어 살아가는 따뜻한 인생이며, 스스로를 돌아보며 성장하는 지혜로운 여정이기도 합니다. 겸손은 결코 약함이 아니라, 강함을 품은 부드러움입니다. 그 부드러움이야말로 우리가 진정으로 추구해야 할 삶의 방향이 아닐까 생각해 봅니다.

저녁이 찾아오면 절집 마당의 흙길이 유난히 고요합니다. 낮에는 수많은 발자국이 지나갔지만, 밤이 되면 그 모든 흔적이 사라집니다. 그 길 위에 달빛이 내려앉습니다. 흙은 아무 말 없이 달빛을 품습니다.

겸손한 마음은 흙과 같습니다. 아무 말 없이 세상을 품고, 그 품 안에서 모든 생명이 자랍니다. 낮은 자리에서 빛나는 것이 진짜 힘입니다. 낮아질수록 넓어지고, 넓어질수록 조용해집니다. 그 고요함이 바로 겸손의 향기입니다.

오늘의 명상

내려놓음

지금 이 순간,
세상의 소란을 잠시 멈추고
내 안의 고요에 귀를 기울입니다.

바쁘게 흘러온 시간의 강을 건너
나는 이 순간,
조용히 앉아
마음의 짐을 내려놓습니다.

숨을 깊게 들이쉬고,
천천히 내쉬어봅니다.
내 안에 쌓인 무게들이
바람처럼 흩어집니다.

살다 보면
등이 휘어질 듯한 날이 있습니다.
말없이 눈물이 고이고,

가슴이 조용히 무너지는 날이 있습니다.

그럴 땐,
버티는 것보다
놓아주는 것이 더 큰 용기입니다.

내려놓는다는 건
도망이 아니라,
나를 위한 자비입니다.
회피가 아니라,
나를 다시 품는 따뜻한 품입니다.

나는 지금까지
너무 많은 것을 안고 살아왔습니다.
남의 기대,
내 안의 완벽함,
끝없는 비교와 갈망….

이제는 그 짐들을
하나씩 풀어놓습니다.
마치 겨울나무가

잎을 떨구듯이.

"나는 지금 충분히 괜찮다."
그 말을
내 마음의 가장 깊은 곳에 속삭입니다.

완벽하지 않아도 좋습니다.
모든 걸 다 하지 않아도 괜찮습니다.
지금 이 순간,
있는 그대로의 나를
따뜻하게 바라봅니다.

내려놓음은
비움이자 채움입니다.
멈춤이자 시작입니다.

무엇을 놓고,
무엇을 품을 것인지
나는 선택할 수 있습니다.

선택은 집중을 낳고,

집중은 나를 더 단단하게 만듭니다.
내가 지켜야 할 것,
내가 살아가는 이유.
그것에 마음을 모읍니다.

그리고 지금,
모든 짐을 내려놓고
눈을 들어 하늘을 바라봅니다.

구름은 흘러가고,
바람은 나뭇잎을 흔들고,
햇살은 조용히 나를 감쌉니다.

자연은 말합니다.
"괜찮아, 잠시 쉬어도 돼."

나는 내 숨소리를 들어봅니다.
그 고요한 리듬 속에
살아 있다는 실감이 깃들어 있습니다.

자연은 늘 그 자리에 있었고,

나는 이제야
그 품에 나를 맡깁니다.

비우고, 바라보고, 숨 쉬며
나는 다시 살아갈 힘을 얻습니다.

내려놓음은 끝이 아니라,
다시 시작하기 위한
가장 따뜻한 준비입니다.

그리고 그것은
내가 나에게 주는
가장 아름다운 선물입니다.

내려놓음.
그것은 나를 사랑하는
가장 깊은 방식입니다.

"내가 숨 쉴 수 있음을, 살아 있음을,
이 순간을 느낄 수 있음을 감사합니다."
감사는 있는 그대로의 삶을 받아들이는 마음입니다.
나는 오늘, 감사의 숨결을 따라 고요히 걸어갑니다.

5
그래도 괜찮아

이만해서 다행이야

마음이 피우는 꽃

절에 와서도 항상 찌푸리던 이와 나눴던 대화가 떠오릅니다.

"스님, 요즘은 웃을 일이 없습니다."

"웃을 일이 없나요, 웃을 마음이 없나요?"

"생각해 보니, 웃을 마음이 없었던 것 같습니다."

"그럼, 마음부터 웃겨보세요. 마음이 웃으면 세상도 미소를 짓습니다. 얼굴과 낙하산은 펴져야 삽니다."

언제 마지막으로 진심으로 웃어보셨나요? 누군가의 말 한마디에, 혹은 아무 이유 없이 문득 미소가 번진 적이 있나요? 우리는 웃음을 잃은 채 살아가는 시간이 너무 많습니다. 하지만 웃음은 사라진 게 아니라, 잠시 마음속에 숨어 있을 뿐입니다. 그 웃음을 불러내는 순간, 행복은 다시 우리 곁에 피어납니다.

웃음은 마음이 피우는 꽃입니다. 마음이 먼저 시들면 웃음도 생기를 잃습니다. 하지만 한 송이 미소가 피는 곳에서 자비가 시작됩니다. 웃음은 단순히 기분이 좋아서 짓는 표정이 아닙니다. 그건 마음이 고요함의 기쁨으로 차오를 때 저절로 피어나는 향기 같은 것입니다.

마음의 기쁨은 불교의 '법희(法喜)'라는 말과 견줄 수 있습니다. 법희는 부처님 가르침을 즐겁게 듣거나 공덕을 쌓거나 수행이 깊어질수록 '마음에서 자연스럽게 피어나는 기쁨'입니다. 그것이 바로 웃음입니다. 억지로 만드는 웃음은 사라지지만, 깨달음에서 비롯된 웃음은 오래 남습니다.

사람의 얼굴은 마음의 거울입니다. 마음이 편안하면 얼굴이 부드럽고 마음이 어지러우면 웃음이 사라집니다.

"성 안내는 그 얼굴이 참다운 공양구요, 부드러운 말 한마디 미도한 향이로다. 깨끗해 티가 없는 진실한 그 마음이 언제나 한결같은 부처님 마음일세."

무착 스님을 경책하는 문수보살의 말입니다. **화를 드러내지 않고 온화한 표정을 짓는 것이 최고의 공양이며, 부드럽고 따뜻한 말 한마디가 가장 아름다운 향기라는 뜻입니다.** 이는 웃음과 긍정적인 태도가 얼마나 중요한지를 다시 한번 상기합니다. 우리의 표정과 말 한마디가 주변 사람들에게 큰 영향을 미칠 수 있다는 것이지요.

사실 웃음은 단순한 기분 전환 이상의 강력한 치유 도구이자 만병통치약입니다. 저 역시 인도에서 부처님 마음을 받았습니다. 갑작스러운 열병에 1주일을 몸져눕고 나서 간신히 눈을 떴을 때, 저를 처음 맞이해준 건 게스트 하우스 주인의 미소였습니다. 삭발염의하고 세속을 떠나 지혜와 자비의 길을 걷는다는 저 스스로가 한 번도 보이지 못했던 미소였습니다. 뒤통수를 한 대 맞은 듯했습니다. 살았다는 안도감보다 저의 어리석음을 발견하고, 방향을 수정했습니다. 그 이후로 전 만나는 사람마다 반갑게 웃으며 인사를 건넵니다.

웃음은 인연의 시작이기도 합니다. 서로의 경계가 허물어지는 순간, 서로의 마음이 닮아가는 순간, 그때 비로소 우리는 웃습니다. 같이 웃을 수 있는 관계, 그것이 진짜 복입니다. 웃음은 나와 타인의 경계를 녹여 모두를 한마음으로 엮습니다.

우리는 주변에서 웃음을 잃어버린 사람들을 자주 봅니다. 지나친 경쟁을 부추기며 그래야만 삶을 견딜 수 있다고 종용하는 조직에 깊이 몸담을수록 마음은 시들어가는 모양입니다. 기업 연수 프로그램에서 성과에 목말랐던 리더들이 자비명상을 접하면 비슷한 반응을 합니다. 명상 중에 자꾸 피식거리던 한 기업의 리더가 있었습니다.

"스님, 이거 왜 이렇게 웃음이 나죠?"

"그건 당신이 치열한 경쟁에서 살아남고자 애쓰는 당신을 용서했기 때문입니다."

"저를 채찍질하던 또 다른 나를 알게 됐습니다. 성과를 달성하지 못한 저를 나무라던 또 다른 내가 내 안에 있었습니다. 이제야 알겠습니다. 행복은 성과가 아니라 평화군요."

그는 그날 이후 집이든 직장이든 거울을 보면 웃는 연습을 했다고 합니다. 웃으면 긴장이 풀리고 모두가 함께 숨을 쉴 수 있습니다. 그의 조직은 이전보다 훨씬 따뜻해졌다고 합니다.

웃는 순간 생각이 멈춘다고 합니다. 뇌는 한꺼번에 두 가지 일을 프로그래밍할 수 없기 때문이라고 하던데, 웃으면서 동시에 다른 생각을 할 수 없다는 겁니다. 나를 괴롭히는 모든 생각이 멈추는 순간이라면, 웃음도 일종의 수행이 될 수 있습니다. 웃음은 무념으로 들어가는 비상구가 됩니다.

내가 웃으면 내 인생에 꽃이 피어납니다. 웃음은 마음의 햇빛과 같아서 우리의 삶을 밝고 따뜻하게 만듭니다. 웃음은 스트레스를 줄이고, 긍정적인 에너지를 불러일으키며, 우리 주변 사람들에게도 행복을 전파합니다. 웃음이 가득한 삶은 마치 꽃밭과 같아서 그 안에서 우리는 더욱 활기차고 행복하게 살아갈 수 있습니다.

'화안애어(和顔愛語)'라는 말이 있습니다. '온화한 얼굴과 사랑스러운 말'이란 뜻입니다. 불교에서 말하는 일곱 가지 보시 중 가장 중요한 핵심 가르침 두 가지를 합친 말입니다. 일상에서 바로 실행에 가능한 자비의 덕목이기도 합니다. 웃는 얼굴과 부드럽고 인자한 표정으로 따뜻하게 칭찬하며 격려하는 것을 말합니다. 웃음꽃이 피는 곳에는 이미 자비가 있습니다. 화안애어는 불교를 믿든 믿지 않든, 수중에 1원 한 푼 없어도 몸과 입이 있으면 누구나 할 수 있는 최고의 선물입니다.

불행을 쥔 손부터 펴기

　새벽의 법당 창가에 앉으면, 하늘빛이 매일 다릅니다. 구름이 잔뜩 낀 날도 있고, 맑게 갠 날도 있습니다. 그러나 하늘의 본래 색은 변하지 않습니다. 그 아래에서 일어나는 변화만이 다를 뿐입니다. 행복도 그렇습니다. 행복은 생기고 사라지는 감정이 아니라, 본래부터 마음속에 깃들어 있는 하늘빛 같은 것입니다.

　눈에 보이지 않고 손에 잡히지 않고 귀에 들리지 않습니다. 그런데도 우리가 꼭 소유하고 싶은 게 있습니다. 바로 행복입니다. 우리는 대부분 행복을 바깥에서 찾습니다. 돈, 관계, 성취, 인정. 무언가를 얻어야만 마음이 채워질 것이라 믿습니다. 하지만 그 마음이 잠시라도 비워지면, 그 행복은 금세 빠져나갑니다. "성공이 행복의 열쇠가 아니라, 행복이 성공의 열쇠"라는 슈바이처의 말을 되새겨 봅니다. 행복은 채움이 아닙니다. 밖을 향하던 내 시선이 마음으로 향할 때 비로소 평화가 찾아옵니다.

수레바퀴는 수레를 끄는 소의 발자국을 따릅니다. 모든 일에는 마음이 앞서갑니다. 마음을 따라 기쁨도 괴로움도, 행복도 불행도 이어집니다. 마치 수레바퀴가 소의 발자국을 따르는 것과 같다는 『법구경』의 비유처럼 말이죠.

부처님은 행복을 '마음의 작용'으로 보았습니다. 행복은 목표 달성 등의 보상 같은 외부 사건이 아닙니다. 뇌의 보상회로에서 분비되어 자극에 대한 보상, 의욕, 행복, 즐거움, 기억 등을 조절하는 도파민은 더더욱 아닙니다. 행복은 내가 세상을 바라보는 시선의 방향에서 비롯됩니다.

대학생으로 보이는 청년이 고민 가득한 얼굴로 저를 찾아왔습니다. '아프니까 청춘이다'라는 말 같은 꼰대의 조언을 할 수는 없었습니다. 살짝 시선만 틀었습니다.

"스님, 저는 아무리 노력해도 행복하지 않습니다."

"행복해지려고 애쓰는 동안은, 행복을 볼 수 없습니다."

"그러면 어떻게 해야 합니까?"

"행복을 찾기보다, 불행을 쥔 손을 펴세요. '난 왜 이렇게 행복하지 않을까? 왜 불행할까'라고 고민하는 마음부터 먼저 내려놓으세요."

깜짝 놀라는 그의 눈빛이 눈에 선합니다. 집에 돌아가 일기에 제가 한 말을 꼭 기록해 두고 꺼내보겠다고 했습니다.

"행복은 불행을 쥔 손부터 펴는 것이다."

행복을 어렵게 만드는 것은 결핍이 아니라 비교의 마음입니다. 누군가의 웃음이 나의 불행이 되고, 남의 성공이 나의 실패처럼 느껴집니다. 비교는 불행의 씨앗입니다.

열등감과 자격지심으로 힘든 시기를 보내던 청년이 찾아왔습니다. 조용히 다실 문을 열고 다탁 앞에 앉은 그의 눈빛은 망설임으로 흔들리고 있었습니다. 차를 따라 주며 그가 용기를 낼 때까지 기다렸습니다. 이윽고 그는 조심스럽게 입을 열었습니다.

"불쌍하다는 그 시선을 느꼈고, 보란 듯이 사는 모습을 보여주겠다고 다짐했는데…. 행복이라고 생각했는데 제 마음이 다 망쳤어요."

그는 중학생이 되기도 전에 아버지와 사별했습니다. 장례식장을 찾아온 조문객마다 "불쌍해서 어떡하니", "그래도 힘내야지" 등 위로를 건넸습니다. 이후 그의 삶은 동정 어린 시선을 극복하는 여정이었습니다. 성인이 된 그는 가족에게 모자람 없이 사랑받은 사람을 만나고 싶었고, 만났습니다. 둘이라면 그 무엇도 부럽지 않았고, 편견 없이 자신을 받아들여 주는 연인이 고맙고 사랑스러웠습니다. 그는 행복했습니다. 가정을 이루려는 단꿈에 젖기도 했습니다. 한데 알게 모르게 자꾸 다른 사람과 그를 비교하는 연인의 말에 점점 열등감과 자격지심을 느끼기 시작했고, 결국 혼자가 됐습니다. 행복했다고 여겼던 많은 시간이 더 큰 불행으로 돌아왔습니다.

"고생하셨습니다. 당신은 누구보다 행복할 자격이 있습니다."

그는 끊임없이 당당함을 증명해야만 했던 존재였습니다. 사랑받고 행복할 자격이 있다고 발버둥을 친 그의 마음을 안아주고 싶었습니다. 그의 눈에 눈물이 그렁그렁 맺혔습니다.

"감사합니다 스님. 따뜻한 차 한 잔과 온화한 스님의 말씀이 너무너무 큰 위로가 됐습니다. 저 다시 행복할 수 있겠죠?"

누구나 행복을 꿈꿉니다. 그런데 정작 행복은 무엇일까요? 행복이 무엇인지 정확히 알아야 제대로 느낄 수 있습니다. 행복이란 '지금, 이 순간'이자 '지금 나에게 있는 모든 것'이며 '나에게 일어나는 모든 사건'에 만족하는 상태입니다. 이 지족(知足)이 행복입니다.

내 인생에서 가장 행복하고 소중한 날은 언제인가요? 바로 오늘입니다. 그 자리는 바로 여기이고요. **과거는 이미 지나**

갔고, 미래는 아직 오지 않았습니다. 어제는 지나간 오늘이고 내일은 다가오는 오늘입니다. 오늘 하루를 소중히 여기며 사는 게 진짜 행복입니다.

    행복? 거창하지 않습니다. 지금, 이 순간 살아 있음에 감사하면 행복은 절로 깃들게 됩니다. 잠시 눈을 감고 숨을 들이쉬어 보십시오. 그 짧은 순간에도 지금, 이 순간에 머무는 마음은 한없이 고요해집니다. 들숨과 날숨 사이, 그 틈에서 세상의 소리가 멈춥니다. 바로 그때, 행복이 당신 안에 있습니다.

미고사 삼사순례

"자녀의 손을 잡고 밖으로 나가 풀밭 위에 함께 앉으세요. 푸른 잔디, 드문드문 피어난 작은 꽃들, 그리고 하늘. 아이와 함께 이 모든 것을 관조할 수도 있습니다. '함께 호흡하고 미소 지음', **이 아름다운 것들에 감사하는 법을 알 때, 다른 어떤 것도 구할 필요가 없습니다.**"

플럼빌리지에서 만난 틱낫한 스님은 모든 순간에 감사했습니다. 곁에서 볼 때마다 어떻게 저런 마음으로 사는지 놀라움의 연속이었습니다. 출가 전, 감사를 모르고 복수심과 증오에 휩싸여 인생을 흘려보낸 저에게 틱낫한 스님은 정말 고마운 멘토입니다.

그뿐일까요? 지금의 저를 있게 한 모든 스승이 감사한 인연입니다. 오대산 월정사에서 목숨을 구해 준 노스님 덕분에 부처님 제자가 됐고, '종식'이라는 법명을 내려준 은사 현성 스님 덕분에 청담 스님의 "자비로우면 적이 없다"는 가르침을 배웠고, 따뜻한 눈빛으로 출가 전 삶을 질문한 청화 스님 덕분에 아버지에 대한 분노가 고마움으로 바뀌었고, 청화 스님 제자인 용타 스님 덕분에 참 행복을 얻는 방법을 배웠습니다.

젊은 시절, 저는 고마움을 몰랐습니다. 늘 세상이 내게 무엇을 주지 않는다고 여겼고, 억울하다는 생각에 사로잡혀 있었습니다. 그러다 문득 깨달았습니다. 감사하지 못하는 마음은 늘 부족합니다. 아무리 채워도 공허합니다. 감사하지 않는 마음엔 평화가 머물지 않습니다. 하지만 '덕분에' 방향을 틀었습니다. **마음의 방향을 '때문에'에서 '덕분에'로 바꾸면 삶이 달라집니다.**

티베트를 순례하던 한 여행자가 너무 행복한 모습의 스님을 만났습니다. 호기심이 생겨 비결을 묻자, 이렇게 답했다고 합니다.

"웃는 얼굴은 내 삶이 완벽하다는 게 아닙니다. 가진 것에 감사하고, 일어난 일을 받아들이고 있다는 증거입니다."

복은 따로 짓는 것이 아니라, 감사할 줄 아는 마음에서 생겨납니다. 불평은 삶을 탁하게 만들고, 감사는 그 탁함을 맑게 정화합니다. 감사는 마음의 물길을 바꾸는 일입니다. 불만은 흐름을 막지만, 감사는 다시 흐르게 합니다.

　감사할 수 없을 때도 감사할 줄 아는 마음, 그게 진짜 수행입니다. 감사는 결과가 아니라 선택입니다. '왜 나에게 이런 일이 생겼을까'가 아니라 '이 일을 통해 내가 무엇을 배우고 있을까'로 바꾸는 순간, 고통이 스승이 됩니다. 감사에는 '받아들임'이 있습니다. 받아들임에는 '용서'가 있습니다. 용서가 있는 곳엔 '평화'가 자랍니다. 결국 감사는 마음의 순환을 되살리는 수행입니다.

　감사는 작은 일에서 시작됩니다. 감사의 눈을 뜨면, 밥 한 숟가락에도 생명이 있고, 바람 한 줄기에도 은혜가 있습니다. 세상은 그때 비로소 은혜로운 도량이 됩니다. 감사는 조건이 필요하지 않습니다. 누가 내게 잘해줘서 감사하는 것이 아니라, 그냥 지금 존재함 자체가 감사의 이유가 됩니다. 감사는 세상에 대한 예찬(禮讚)입니다.

저는 자주 삼사순례를 요청합니다. 저마다의 마음속에 있지만 용기가 없어 꺼내지 못한 절집 세 곳을 다녀오라는 뜻입니다. 첫 번째 절이 '간절'이고 두 번째 절은 '친절'입니다. 세 번째 절이 '미고사'입니다. 단, '맙소사'에 들르면 절대 안 됩니다.

　'미고사'는 "미안해요", "고마워요", "사랑해요"의 앞 글자를 딴 절집입니다. 어쩌면 '간절'과 '친절'보다 우리를 더 자비롭게 바꾸는 방법입니다.

"미안해요" 한마디로 과거와 화해하고, "고마워요" 한마디로 현재의 문제를 풀고, "사랑해요" 한마디면 행복으로 가는 문을 엽니다. 삼사순례를 하루에 한 번씩만 다녀오면, 우리의 마음은 그 누구보다 평화롭습니다. **'간절'한 마음으로 모든 순간을 마주하고, '친절'한 마음으로 모든 인연을 상대하며, '미고사'로 사는 게 행복의 길입니다.**

감사는 특별한 사건이 아니라, 지금 이 순간을 있는 그대로 받아들이는 마음입니다. 숨을 쉴 수 있다는 것, 누군가 곁에 있다는 것, 따뜻한 밥을 먹을 수 있다는 것, 이 모든 일상이 얼마나 감사한 일인가요. 감사하면 세상이 바뀌지 않아도, 내가 바뀝니다. 내가 바뀌면 세상이 따라옵니다. 그 변화는 크지도, 요란하지도 않습니다. 단지, 조용히 웃을 수 있게 됩니다.

그래서 저는 자비명상에서 하루에 감사한 일 세 가지를 적는 '감사 일기'를 권합니다. 저도 10년 넘게 잠들기 전 쓰는 '감사 일기'는 틈틈이 자비의 마음을 내는 습관이 됩니다. 깨어 있는 마음이 명상이라면, 그 깨어 있는 마음으로 자기 자신과 타인에게 자비를 실천하는 게 곧 자비명상인 것이지요.

하루에 단 1분이라도 "감사합니다"라는 말을 하면서 세상과 주변을 향해 몸을 낮추면, 따뜻한 기운이 우리를 포근하게 안아줍니다. 거기서 우리는 마음속 깊은 곳에서 일렁이는 자비도 느낄 수 있습니다. 그래서 감사는 수행의 시작이자 끝입니다.
　하루를 마무리하며 감사할 수 있다면, 그날은 충분히 성공한 날입니다. 잠자리에 들기 전 "오늘 하루 고맙습니다" 한마디로도, 세상은 더 너그러워집니다.

제주도보다 아름다운 섬

제주도보다 아름다운 섬이 있습니다. 푸른 바다 위가 아니라 우리 마음속에 존재하는 섬입니다. '그래도'입니다. 이 섬에 '미고사'라는 절을 세우면 금상첨화이지요. 이 섬이 고통의 바다 위에 불쑥 솟아난 개인적인 사연을 소개하려고 합니다.

어머니의 팔순 생신 때였습니다. 온 가족을 초대했습니다. 집을 나간 지 50년 만에 돌아온 아버지, 곽곽한 삶을 견뎌온 형님 내외와 두 누님이 모였습니다. 빙 둘러 50년 세월을 서로 털어놨습니다. 무심했던 아버지에 대한 원망이 대부분이었습니다. 목이 잠겨서 말을 이어가지 못하거나 이야기를 다 하지 못하고 흐느끼곤 했습니다. 누군가 "아버지가 집을 나가지 않았으면 자식들이 이렇게 불행하진 않았다"고 울분을 토했습니다. 조용히 듣고 있던 어머니가 가만히 말을 꺼냈습니다.

"그래도, 느그 아버지는 사람은 치지 않았다."

속이 몇 번이나 문드러지고도 남았을 텐데…. 어머니는 "그래도"라면서 아버지를 용서했습니다. 그때 처음 알았습니다. '그래도'는 현실을 덮는 말이 아니라, 상처를 덮지 않고 바라볼 용기의 다른 이름이었습니다.

괴로움 속에서 진리를 본 사람은 평화의 문턱에 선 사람과 같습니다. 괴로움이 끝나야 평화가 오는 게 아니라, 괴로움을 품을 때 평화가 태어납니다. 그 사실을 어머니는 말없이 당신의 삶을 통해 보여준 것입니다. 돌이켜보니 어머니의 그 말 한마디가 '긍정명상'과 '감사명상'의 시작이었습니다.

저는 '그래도 괜찮다'는 말을 수행의 언어로 삼았습니다. 마음이 불안할 때, 일상이 흔들릴 때, '그래도 괜찮다'고 스스로에게 속삭이면 그 말이 마음을 가라앉혔습니다. 그건 위로가 아니라 알아차림이었습니다. 모든 것이 변하는 세상에서 '그래도 괜찮다'는 말은 고요의 닻이었습니다.

조선의 운명을 좌지우지할 수 있는 명량 해전을 앞둔 이순신 장군은 이렇게 말했습니다. "신에겐 12척의 배가 있습니다." 저는 이렇게 생각합니다. 분명 '그래도'가 생략됐습니다. '겨우'와 '그래도'는 하늘과 땅 차이입니다. 이미 벌어진 일, 과거는 돌이킬 수 없습니다. '그래도 이만해서 다행이야'라고 마음 한 번 돌리면 극락이 되고, '왜 이것밖에 안 됐어' 하는 순간 지옥입니다.

우리가 삶을 긍정하고 감사하는 일에는 큰 용기가 필요하지 않습니다. '긍정'은 지금, 이 순간을 그대로 바라보고 인정하는 것에서 시작합니다. '그럴 수도 있지!' 하면서 인정하는 순간, 마음에 긍정의 씨앗을 뿌립니다. 우리에게 수없이 많은 일이 끊임없이 생기고, 그 상황 속에서 수많은 생각과 감정이 일어나고 사건이 발생합니다. 이미 일어난 상황을 내가 바꿀 수도 없고 선택도 할 수 없습니다. 다만 내 마음에서 일어나는 생각과 감정은 선택하고 바꿀 수 있습니다.

내 마음이 말 같지 않습니다. 하지만 언어로 사고하는 우리는 말을 따라 생각의 방향이 바뀌기도 합니다. 그래서 주문이 필요합니다. '긍정명상'의 핵심 키워드입니다.

"그래도 괜찮아!"

"그럴 수도 있지!"

"이만해서 다행이야!"

그녀는 마트에서 종일 매장 물품을 관리했습니다. 대개 마트 근로자들은 생계가 절실한 사람들이 많습니다. 관리자의 요구를 수용해야 하고, 어떤 경우에는 고객에게 무릎 꿇고 사과까지 한 적도 있다고 합니다.

"같은 여자끼리 힘이 부족한 건 똑같잖아요. 그런데 저보다 어린 고객들이 물건을 가리키면서 무거우니 카트에 실어달라는 경구가 왕왕 있어요. 그런 고객들을 만나면 힘든 것보다 기분이 상해요."

"사람이니까 당연히 일어나는 마음입니다."

"그것보다 파트너에게 기분이 상할 때가 종종 있어요. 나는 이 정도 분량의 일을 하는데, 파트너가 게으름을 피우거나 손이 느린 경우예요. 같은 돈을 받는데 일은 제가 더 많이 할 때 미운 감정이 생깁니다. 전화로 친구와 수다를 떨면서 스트레스를 풀지만 그때뿐입니다."

"저 사람이 밉다. 또 무시하고 싶은 마음이 든다. 그렇다고 상대를 내 힘으로 바꿀 수도 없으면, 이렇게 해 보세요. '그래도 괜찮아, 그럴 수도 있지. 이만해서 다행이야.' 왜 이것밖에 못하느냐는 화가 일어날 때도 해 보세요. 미움 대신 감사하는 마음을 억지로라도 일으키면 자연스럽게 그런 마음이 생깁니다. 그러면 조금씩 그 사람이 바뀌는 것을 볼 수 있습니다. 그리고 당신의 마음은 분명히 바뀝니다."

고통이든 기쁨이든 지금 어떤 상황과 마주한 나에게 일어나는 모든 감정은 과거에 내가 뿌린 씨앗이 열매를 맺은 것입니다. **지금 이 순간에 뿌린 행동, 말, 생각의 씨앗은 나의 미래가 됩니다. 내 마음의 정원에 어떤 씨앗을 심을 건가요?**

삶이라는 원고지

어느 날 법당 마룻바닥에 떨어진 공책을 주웠습니다. 삐뚤빼뚤한 글씨로 한 문장이 적혀 있었습니다. "오늘도 틀렸지만, 다시 씁니다." 그 짧은 문장 앞에서 한참을 멈춰 섰습니다. 그게 바로 우리의 삶이라는 생각이 들었습니다. 삶은 정답을 받아 적는 시험지가 아니라, 날마다 고쳐 쓰는 원고지입니다.

원고지를 채울 때 우리는 행과 칸을 봅니다. 어디서 줄을 바꿀지, 어떤 말을 남기고 무엇을 덜어낼지. 살다 보면 그 결정이 마음의 문법이 됩니다. 행복은 문장을 매끄럽게 쓰는 솜씨보다 삶의 쉼표와 마침표를 언제 찍을지 아는 감각에서 비롯됩니다. 쉼표와 마침표를 두려워하지 않는 사람은 이어질 새 문장을 시작할 수 있는 사람입니다.

작가가 꿈이라던 한 여성이 찾아왔습니다. 짧은 문장으로 독자들을 자신의 글에 몰입하도록 만들고 싶지만, 그게 어렵다고 했습니다.

"늘 문장을 길게 써서 걱정입니다. 한 문장을 시작하면 멈출 줄을 모릅니다. 나중에 다시 읽어보면 저도 제가 무슨 말이 하고 싶은 건지 모르겠어요."

"마침표가 있어야 다음 문장을 시작할 수 있습니다."

문장도 물 흐르듯 흘러야 의미를 알 수 있습니다. **때론 쉼표가 있어야 뜻이 명확해지고, 마침표가 있어야 다음 문장을 시작할 수 있습니다. 우리 인생도 마찬가지입니다.** 관계의 문장을 어떻게 이어갈지, 일의 단락은 어디에서 끊을지, 마음의 쉼표는 어느 자리에 찍을지 선택해야 합니다. 그 선택이 때로 후회로 남아도 괜찮습니다. 쓸 수 있는 다음 칸이 아직 남아 있기 때문입니다.

중요한 점은 **누구도 내 삶을 대필해 주지 않는다**는 것입니다. 남 탓으로는 한 칸도 나아갈 수 없습니다. 오늘의 한 줄은 오늘 내가 책임지고 써야 합니다. 한 칸의 진실함이 모이면 한 페이지의 평화가 됩니다.

원고지를 쓰다 보면, 지우개 가루가 흩어집니다. 지워도 자국이 남듯 삶에서 저지르는 우리의 실수도 흔적을 남깁니다.

그럴 땐 애써 덮지 않고 조용히 인정합니다. "여기에는 상처가 있습니다." 그 인정이 문장을 숨 쉬게 합니다. 독자(타자)와 작가(나) 사이에 흐르던 긴장이 풀리고, 그 사이로 이해가 스며듭니다. 이해할수록 단어는 맑아지고 문장은 가벼워집니다.

예전에 한 어머니가 찾아왔습니다. 자녀와 다투고 "마음이 다 부서졌다"고 했습니다.

"그 마음을 한 문장으로 적는다면요?"

예상 밖의 질문이었는지 그녀는 한참을 골똘히 생각한 뒤, 이렇게 답했습니다.

"그래도 괜찮아, 널 사랑해."

계속해서 다음 문장을 써달라고 요청했습니다. 놀랍게도 그 문장이 첫 줄이 되자, 두 번째 문장부터 긍정의 단어들이 쌓여갔습니다. 첫 문장 하나가 삶의 톤을 바꾼 것입니다.

우리는 때때로 타인의 원고를 부러워합니다. 누군가는 매끄럽고 힘 있는 문장으로 원고를 써 내려갑니다. 그 원고를 볼 때 '나는 왜 늘 비문(非文)일까?' 하며 자신을 깎아내릴 때, 꼭 떠올려야 할 일이 있습니다. 타인의 원고는 그 사람의 종이에 쓴 글입니다. 내 종이는 내 필압을 알아줍니다. 내 호흡, 내 상처의 결을 아는 종이에 나만의 문장을 적는 일이 더 중요합니다. 비교는 삶의 문장에 오탈자를 만듭니다. 비교를 멈추면 지금 자신이 쓰고 있는 문장으로 자신을 보게 됩니다. 이런 자각은 조급함을 늦추고, 집중을 불러옵니다.

완벽한 글은 없습니다. 우리는 실수하고, 후회하며, 때로는 지우고 싶은 문장을 남기기도 합니다. 하지만 그 모든 과정이 성장의 일부라고 믿습니다. 지우고 싶은 문장도 결국 나를 더 나은 사람으로 만드는 밑거름이 됩니다. 그래서 저는 제 삶의 원고지를 함부로 찢지 않습니다. 오히려 그 위에 새로운 문장을 덧붙이며, 더 깊고 넓은 이야기를 써 내려갑니다.

특정한 칭찬, 특정한 실패, 특정한 역할에 머물지 않고 마음을 내면, 문장은 흐릅니다. 흐르는 문장은 살아 있습니다. 살아 있는 문장은 독자를 움직입니다. 머무르지 않기 위해서는 반드시 '지금 여기'를 온전히 살아야 합니다. 지금의 단어에 충실해야 다음 단어가 자연스레 이어집니다. 현재의 한 칸에 최선을 다할 때, 미래의 다음 페이지는 저절로 준비됩니다.

불교에서는 이번 생에 나의 행동·말·생각이 모두 업경대(業鏡臺)에 기록되어 다음 생을 결정한다고 합니다. 내가 쓰는 삶의 문장이 단지 이생에서 끝나는 게 아니라, 다음 생의 서문이 될 수 있습니다. 그렇기에 더 따뜻한 말, 더 바른 행동, 더 맑은 생각으로 나의 원고지를 채워가야 합니다.

다만 원고지에는 수정의 기회가 있습니다. 오탈자를 바로

잡고, 어색한 구절을 덜어내고, 군더더기를 지우는 과정에서 문장이 선명해집니다. 수행도 같습니다. 욕망의 군더더기를 덜어내면, 마음의 문법이 고쳐집니다. 나만의 억양, 나만의 고집이 한 톤 낮아질 때, 타인의 문장이 보이기 시작합니다. '아, 저 사람도 자기 삶을 고쳐 쓰는 중이구나.' 그런 이해가 생기면 삶은 덜 날카로워지고, 세상은 더 따뜻해집니다.

    우리는 모두 자신의 삶을 집필 중인 작가입니다. 작가에게 가장 중요한 건 화려한 문장이 아니라, 꾸준히 책상 앞에 앉는 습관입니다. 하루 한 칸, 한 줄이라도 성실하게 적어 나갈 때, 언젠가 당신의 삶은 한 권의 책이 됩니다. 그 책은 누가 읽지 않아도 좋습니다. 당신이 먼저 읽고, 당신이 먼저 위로받으면 충분합니다. 그리고 혹시 누군가가 당신의 페이지를 펼쳤을 때, 자기 삶을 고쳐 쓰고 싶어질 만큼의 따뜻함이 거기 있기를 바랍니다.

향 싼 종이와 생선 묶은 새끼줄

공부든 운동이든 명상이든 혹은 무엇이든 오래 해온 분일수록 대수롭지 않게 말합니다. "그냥 하다 보니 됩니다." 그 '하다 보니'라는 말이 바로 습관의 힘입니다. 좋은 습관은 마음의 자동문이 되어 평온한 삶으로 이끌지만, 나쁜 습관은 마음을 닫게 만듭니다.

절집에서 절하는 순서가 바뀌지 않는 것은 몸이 기억한 훈련 덕분입니다. 한 번 형성된 습관은 자동화된 행동으로 자리 잡기 마련입니다. 의식하며 노력하지 않아도 그 행동이 반복되도록 만듭니다.

사실 습관은 뇌가 에너지를 효율적으로 사용하도록 돕는 시스템이라고 합니다. 그래서 좋은 습관은 우리에게 큰 이점을 제공합니다. 운동, 독서, 규칙적인 수면 같은 좋은 습관은 우리의 건강과 지적 성장, 정서적 안정에 긍정적인 영향을 미칩니다. 반면 나쁜 습관 또한 한 번 자리 잡으면 떨쳐내기가 어렵습니다. 스마트폰을 과도하게 사용하는 습관이 시간을 갉아먹는 것처럼 우리의 정신적, 육체적 에너지를 소모하며 삶의 질을 떨어뜨립니다.

습관은 우리가 만든 그림자이지만, 어느새 주인처럼 우리를 이끌고 갑니다. 혹여 습관이 부정적인 방향으로 굳어졌다면, 빨리 돌이켜야 합니다. 우리의 마음마저 좀먹기 때문입니다. 걸핏하면 욱하고 화를 내는 습관이 들면, 매번 후회하기 일쑵니다. 화를 내면 후회하고, 후회하고 나면 화를 낸 자신이 싫어져 다시 화가 나고…. 하지만 우리는 이미 문제와 해답을 알고 있습니다. 내 마음과 삶에 안 좋은 습관이 가져오는 악순환과 어떻게 하면 끊어낼 수 있는지를.

불교와 동서양의 지혜에서 습관은 인생의 결과를 결정하는 핵심 요인으로 자주 등장합니다. 『법구경』을 읽다 보면 "스스로 지은 악업은 자신을 오염시키고, 스스로 악업을 짓지 않으면 자신을 정화한다"는 메시지를 보게 됩니다. 불교에서는 '업(業)'이라는 개념으로 우리에게 지혜를 전합니다. 업은 습관이 단순히 반복되는 행동을 넘어, 마음속에 깊이 배어 미래의 결과를 낳는 잠재력을 뜻합니다. 행동[身], 말[口], 마음[意], 즉 신 구의(身口意)라는 의도적인 행위의 습관이 쌓이면 미래가 달라진다는 의미입니다.

습관의 뿌리는 생각의 방향, 즉 마음에서 시작됩니다. **"생각은 행동을 만들고 행동은 습관을 만들며, 습관은 성격을 만들고 성격은 운명을 만든다"**는 스코틀랜드 정치개혁가 새뮤얼 스마일스의 명언도 같은 맥락인 것이지요. 우리는 결국 자신의 마음이 이끄는 생각과 행동으로 자기 삶을 만들어 간다는 말입니다. 이 단순한 법칙이 행복한 삶의 비결이자 수행의 핵심입니다. 그래서 『법구경』에는 이런 가르침을 일러 줍니다.

"마음은 용감하게, 생각은 신중히, 행동은 깨끗하고 조심스럽게 하고, 스스로 자제하여 법에 따라서 살며, 부지런히 정진하는 사람은 영원히 깨어 있는 사람이다."

습관은 타인이 만들어 주는 것이 결코 아닙니다. 내가 반복한 생각, 말, 행동이 나를 빚습니다. 남이 대신 나의 습관을 바꿔줄 수 없듯, 남이 대신 나의 깨달음을 얻어줄 수도 없습니다. 결국 수행은 '습관을 어떻게 다루는가'의 문제입니다.

기업 연수 프로그램에서 만난 팀장급 직원은 누구보다 자비명상에 진심으로 임했습니다. 제가 먼저 다가가 이유를 물었습니다.

"남들보다 일찍 출근하고, 일찍 보고서를 내고, 누구보다 성과를 냅니다. 늘 시간이 부족해서 쫓기고, 프로젝트 마감에 목이 조여오는 것 같아요. 만에 하나라도 출근이 늦거나 보고서가 미진하면 제 스스로 용납이 안 됩니다. 그럴수록 불안이 가시질 않습니다."

"언제 가장 불안합니까?"

"아무 일도 하지 않을 때입니다."

흔들리는 그의 눈빛에서 제가 읽은 건 불안이 아니었습니다. '멈춤을 두려워하는 마음'이었습니다. 이 마음이 누구보다 빠른 출근과 일 처리의 습관을 만든 것이지요. 그런 습관이 하나라도 어긋나면 더 불안한 것이었습니다.

"멈추고 바라보는 습관을 들이세요. 그게 곧 자비명상이고 수행입니다. 그 불안한 순간을 피하지 말고, 그대로 들여다보세요."

수행자는 생각을 멈추려 하지 않고, 생각을 바라보는 연습을 합니다. 그 시선이 깊어질수록, 무의식의 바닥에 쌓인 습관이 조용히 다른 색으로 물듭니다. 욕망이 익숙하던 자리에 감사가, 비난이 익숙하던 자리에 자비가 들어옵니다.

몇 주 뒤, "이제 숨이 길어졌다"는 그에게 진심으로 응원한다고 전했습니다. 실은 그의 불안이 사라진 게 아니라, 불안을 지켜보는 새로운 습관이 생겼습니다. 그 습관 덕분에 그는 이

제 조금은 덜 불안할 것입니다.

하루의 끝에 "오늘 나를 움직인 힘은 무엇이었는가?" 스스로 물어볼 일입니다. 그 답이 욕망이 아니라 자비라면, 그 하루는 이미 수행이 되었습니다. 작은 친절, 짧은 침묵, 한 번의 숨 고르기가 모여 새로운 습관을 만듭니다. 그 습관이 내일의 마음을 짓습니다. 삶의 방향은 거창한 결심이 아니라, 습관이 쌓아 올린 조용한 반복 속에서 결정됩니다.

습(習)을 고쳐야 효과를 볼 수 있습니다. 습관이 고쳐지려면 어느 정도 시간이 필요한데, 누군가에겐 3일, 7일, 15일, 21일, 100일이 될 수 있습니다. 적어도 1주일은 지켜야 15일, 21일로 넘어가는 관성이 생깁니다. 그러면 100일의 정성과 노력의 시간이 쌓여 결국 삶의 태도가 바뀌는 것이지요. 하루 15분, 아니 10분이나 5분이라도 쉽고 작은 것부터 조금씩 실천하는 게 중요합니다.

향을 싼 종이에서는 향냄새가 나고, 생선을 묶었던 새끼줄에서 비린내가 납니다. 내가 어떤 습관을 들이느냐에 따라 내 삶이 풍기는 향기가 달라집니다.

우선순위

"9년간 노량진에서 공무원을 준비하던 아들이 스스로 세상을 등졌어요. 힘든 젊은이들이 이렇게 많은데 스님은 도대체 뭘 하고 계시는 건가요?"

2017년 여름이었습니다. 정신이 번쩍 들었습니다. 아들을 먼저 보내야 했던 한 어머니의 피맺힌 호소가 부처님의 지혜와 자비를 나누겠다고 자비명상에만 몰두하던 저를 멈춰 세웠습니다. 제 삶의 우선순위를 바꿨습니다. 여러 이유로 많은 것을 포기하고 사는 청춘들의 고통을 조금이라도 나눠 짊어지겠다고 결심했습니다.

서울 동작구 노량진에 마음충전소를 열었습니다. 취업, 결혼, 내 집 마련, 출산 등을 포기해야 하는 N포 세대의 '헬조선'

을 '힐조선'으로 만들기 위해서였습니다. 마음충전소에서 공무원 등 각종 고시를 준비하는 청춘들의 지친 마음을 달래고 희망을 심으려 했던 것이지요.

뒤늦게 알았습니다. 노량진의 많은 이들이 자신만의 목표를 위해 정신없이 시간을 보내고 있었습니다. 길 위에서 허겁지겁 점심을 때우고, 그 순간에도 책을 손에 쥐고 있었습니다.

마음충천소에 와도 모든 정신이 시험에만 팔려 조용히 자신을 바라보지 못했습니다. 비교하고 포기하고 후회하고 회피하고…. 부정적 생각들이 자신을 괴롭혀서 책상 앞에 앉는 게 힘들어지고 사람을 멀리한 채 스스로 그 안에 갇혀 있다는 사실을 모르고 있었습니다.

시골에서 상경해 서울의 대학을 졸업한 20대 후반의 젊은이가 있었습니다. 삶의 우선순위를 공무원에 두고 노량진에서 눈코 뜰 새 없이 지냈습니다. 폭발하듯 시끄러운 록 음악을 듣거나 노래방에서 소리를 지르거나 폭식으로 스트레스를 풀었습니다. 그때뿐이었습니다. 책상 앞에 앉으면 다시 마음이 불안했고, 자존감은 낮아질 대로 낮아졌고, 삶의 우선순위는 흐릿해졌습니다.

자신도 모르게 마음충천소를 찾아온 그는 마음이 복잡하고 심장이 터질듯한 시기가 있었다고 토로했습니다. 괜히 마음이 허하다가 화도 나고 우울까지 몰려왔다고 고백습니다.

"태어나서 처음으로 명상이라는 것을 해 봤어요. 15분 정도 지나니 눈물이 흐르더라고요. 매일 똑같은 하루를 보내고 힘들어도 혼자 삭히고 모든 게 허무해서 죽고 싶다는 생각도 했었거든요. 명상하고 나니 '나 너무 힘들었구나' 하는 생각이 들었습니다."

그의 목소리는 그 자체로 절박한 고백이자 자신에 대한 책망이었습니다. 상처가 될까 싶어 어설픈 위로를 할 수는 없었습니다. 그저 마음을 충천하는 명상만 권했습니다.

"과장일지 모르지만, 새로 태어난 기분이에요. 하늘을 올려다보니 되게 맑고 파랗고 높았습니다. 전엔 하늘을 볼 생각도 안 했어요. 올려다보면 눈부신 형광등과 컴컴한 천장이 제 하늘이었거든요. '나'를 들여다보니 '나'를 더 아끼는 마음이 생겼어요."

요즘 우리는 자신도 모르게 "시간이 없다"는 말을 자주 합니다. 곰곰이 들여다보면, 시간이 없는 게 아니라 마음의 우선순위가 흐트러진 것입니다. 몸보다 먼저 마음을 세우고, 결과보다 과정을 살펴야 합니다.

우선순위의 혼란은 늘 "나중에"라는 단어로 시작됩니다. 나중에 쉬자, 나중에 감사하자, 나중에 기도하자. 그 나중이 쌓이면, 지금은 텅 비게 됩니다. **"나중에 행복하겠다"는 마음은 스스로 "지금은 불행하다"고 믿고 있는 것입니다.**

불교에는 '부처님을 떠올리며 부른다'는 의미의 '염불(念佛)'이라는 말이 있습니다. '염(念)'에 주목해 보자면, '이제 금(今)'과 '마음 심(心)'이 더해진 '지금 마음[今+心]'이라고 볼 수 있습니다. 지금, 이 순간 내 마음을 부처님 마음으로 만들어 계속 이어가는 게 중요하다는 뜻이지요. 지금, 이 순간 내 마음이 어떤지 살피는 게 첫 번째라는 가르침입니다.

수행은 미래의 목표가 아니라, 지금의 선택입니다. 매 순간 내가 어디에 마음을 두고 있는지, 그 자리를 분명히 보는 일이 수행의 첫걸음입니다.

"이 생각이 지금 필요한가?"

"이 말이 지금 적절한가?"

"이 행동이 지금 자비로운가?"

삶의 질서가 무너질 때 우리는 '무엇을 먼저 할까?'를 묻지만, 부처님은 '어떤 마음으로 할까?'를 먼저 살폈습니다. 행동의 순서는 머리가 정하지만, 행동의 질서는 마음이 정합니다. 그래서 수행은 삶의 최우선 순위가 되는 내 마음을 들여다보는 기술입니다.

연어는 다른 물고기와 달리 아래로 흐르는 강을 거슬러 올라

알을 놓고, 더 나은 DNA를 가진 다음 세대를 기약합니다. **살아 있는 물고기는 물결을 거슬러 올라가고, 죽은 물고기는 물결을 따라 떠내려갑니다.** 우리의 삶도 마찬가지입니다. 내 마음이 죽어버리면, 세속이 정한 우선순위라는 거대한 물결에 휩쓸려 떠내려갑니다.

아침마다 "오늘 내 마음이 향할 그곳은 어디인가?", 밤마다 "오늘 내 마음이 향한 그곳은 어디였는가?" 살펴보시길 바랍니다.

내 인생 최고의 작품

불이 꺼지고, 스크린이 밝아질 때마다 묘한 감정이 밀려옵니다. 어릴 적 시골 극장에서 본 흑백영화가 아직도 기억납니다. 그때는 화면 속 인물들이 진짜 세상인 줄 알았습니다. 눈물을 흘리면 비가 내렸고, 웃음이 터지면 하늘이 맑아졌습니다. 지금 돌이켜보면, 삶도 영화처럼 마음의 스크린 위에 비친 장면들이었습니다. 사람마다 각자의 영화를 찍고, 각자 다른 장르로 살아갑니다.

영화 속 주인공이 있듯, 내 인생이라는 영화의 주인공은 바로 나 자신입니다. 이 말은 단순히 자기애나 자존감의 표현이 아닙니다. 그것은 삶을 살아가는 데 있어 가장 중요한 태도, 즉 주체적인 자세를 뜻합니다. 우리는 누구나 자신의 삶을 살아가고 있으며, 그 삶의 중심에 서 있는 존재는 다름 아닌 '나'입니다. 누군가의 조연으로 머물기엔, 우리의 삶은 너무나도 소중하고 유일합니다.

　　30년 가까이 자비명상을 지도하면서 수많은 인연이 저를 스쳐 갔습니다. 모두 제가 쓴 시나리오에 제가 만든 무대 위에서 오갔던 조연들입니다. 그들의 영화에서는 제가 조연이겠지요. 그중에서도 장르를 바꿔 새로운 시나리오를 쓰고, 자기 인생의 영화를 다시 찍은 중년 남성이 있었습니다.

　그는 절에 다니는 아내가 법당에 들어가 늦게 나오면 불만이 가득했습니다. '사업으로 바쁜데 꼭 절에서 시간을 보내야 하나?' 그 시간이면 한 사람이라도 더 만나 사업 이야기를 나누면 인맥도 늘고 그만큼 돈도 벌 수 있다는 생각이 머릿속에 가득했습니다. 늘 이런 식으로 자기 영화를 상영하곤 했습니다.

　　무역업에 종사했던 그는 중국과 일본, 대만에서 물품을 수입해서 한국에 팔고 한국에서 생산된 물품을 수출했습니다. 아내도 경리를 맡아 일손을 거들며, 10여 명 남짓한 직원들을 다독이며 정신없이 살았습니다. 하지만 그는 사업을 한답시고 건강은 돌보지 않고 밤낮 가리지 않고 향락에 젖어 끊임없이 술과 담배를 입에 댔습니다.

　　불행은 예고 없이 들이닥쳤습니다. 그의 몸에 이상 징후가 발견된 뒤였습니다. 폐암이라는 충격적인 진단을 받고 수술을 받았습니다. 무려 8시간에 걸친 수술 후 50일 넘게 병원 신세를 져야 했습니다. "그놈은 성질이 더러워서 폐암에 걸렸어. 살기는 어렵다"는 말을 면회 한 번 오지 않은 친구가 하고 다녔다는 소식을 듣기도 했습니다. 마음속에 화가 치밀어 오른 그는 친구가 미워 절연까지 생각했습니다.

반전은 퇴원 후에 찾아왔습니다. 그는 시나리오를 다시 쓰기 시작했습니다. 스스로 서둘러 사업을 정리하고 등산하며 절을 찾았습니다. 제가 동국대 평생교육원에서 진행하던 마음치유사 과정을 수강하며 자비명상의 길로 들어왔습니다.

"나도 모르는 사이에 그 친구를 용서하고 있었어요. 스님의 지도로 '그래도 괜찮아', '그럴 수도 있지', '이만해서 다행이야'라는 말을 계속 읊조리니까 저절로 응어리진 마음이 풀렸습니다. 요즘 '얼굴과 낙하산은 활짝 펴져야 산다'는 스님 말씀처럼 자주 웃으니, 주변에서 많이 변했다는 말을 듣습니다. 폐암 수술 후유증도 거의 사라졌고 정신도 맑아졌어요."

사업과 향락이 그의 인생 영화 속 주인공이었습니다. 그러나 시나리오를 수정한 새로운 장르의 영화 속에서는 그가 진정한 주인공으로 등장한 것이지요.

"천상천하 유아독존(天上天下 唯我獨尊)"이라는 말이 있습니다.

이 말은 모든 존재가 그 자체로 존귀하다는 깊은 깨달음을 담고 있습니다. 저마다의 삶은 비교할 수 없는 고유한 가치가 있으며, 그 삶을 살아가는 우리는 모두 존귀한 존재입니다. 그러므로 내 삶을 사랑하고, 그 삶의 주인공으로서 살아간다는 것은 곧 나의 존엄을 인정하고 존중하는 일입니다.

수많은 사람에게 존경받던 경봉 스님은 제자들에게 "이 세상을 무대로 한바탕 멋지게 살라"고 했습니다. 우리 모두 세상이라는 무대, 영화의 주인공이라는 사실을 일깨우고 있습니다.

하루 동안 우리는 얼마나 많은 장면을 흘려보냈을까요? 기쁜 일은 빨리 지나가고, 후회는 오래 머뭅니다. 그러나 자세히 보면, 다음의 집착이 어떤 장면을 오래 머물게 했습니다. 결국 인생의 영화는 우리가 쥔 카메라의 각도, 즉 마음의 시선에 따라 전혀 다르게 편집됩니다.

살다 보면 실패라는 장면이 반복될 때가 있습니다. 하지만 그것은 영화의 결말이 아니라 다음 장면을 위한 전환입니다. 고통의 순간에도 우리는 여전히 카메라를 들고 있습니다. 그 시선이 절망을 비출 수도, 희망을 비출 수도 있습니다.

조개는 상처를 아물게 하려고 진주를 만듭니다. 그래서 진주를 '조개의 눈물'이라고 합니다. 오늘 어떤 장면에서 받은 나의 상처, 내가 흘린 눈물은 내일의 진주가 될 수도 있습니다. 눈물이 진주가 되는 나는 세상 누구보다 존귀한 존재입니다. 인생의 한 장면에 매달리지 말라는 뜻입니다. 모든 것은 흘러가고, 흘러가는 그 자리에서 새로운 인연이 피어납니다.

우리는 나만의 인생 영화에서 주인공이자 시나리오 작가이며 감독입니다. 장면을 억지로 꾸미지 않고, 그대로 받아들이는 감독이 진짜 주인입니다. 어떤 이는 인생을 다큐멘터리처럼, 어떤 이는 코미디처럼, 또 누군가는 드라마처럼 살아갑니다. 장르가 무엇인가는 중요하지 않습니다.

    영화가 상영되는 내내 자신을 잃어버린 듯한 기분이 든다면, 잠시 멈추는 것도 방법입니다. "내가 지금 어떤 장면을 살고 있는가?" 그리고 "이 장면을 어떻게 연기할 것인가?"라는 질문을 던져보세요. 그러면 엔딩 크레딧이 올라가는 장면에서 우리가 던질 수 있는 말은 단 한 두 마디입니다.

    "이만해서 다행이네. 그래도 괜찮았어."

    오늘 당신이 쓰는 시나리오 한 문장이 내일의 장면을 만듭니다. 화를 덜 내고, 한숨을 덜 쉬고, 감사를 조금 더 담는다면 당신의 영화는 점점 따뜻한 빛으로 채워질 것입니다. 맞습니다. **내 인생의 영화는 그 누구의 작품도 아닙니다. 지금, 이 순간 내가 마음으로 찍고 있는 내 인생 최고의 작품입니다.**

오늘의 명상

감사

지금 이 순간,
나는 숨을 쉽니다.
이 숨결 하나에도
감사의 마음을 담습니다.

내가 숨 쉴 수 있음을,
내가 살아 있음을,
내가 이 순간을 느낄 수 있음을
감사합니다.

햇살이 내 얼굴을 비추고,
바람이 내 뺨을 스치며,
땅이 나를 지탱해 주는 이 모든 것에
감사합니다.

내 곁에 있는 사람들,
나를 스쳐 지나간 인연들,

때로는 나를 아프게 했던 기억들조차
지금의 나를 만들어 주었기에
감사합니다.

감사는
무엇인가를 얻었을 때만 드리는 것이 아닙니다.
감사는
있는 그대로의 삶을 받아들이는 마음입니다.

부족함 속에서도
배움이 있기에 감사하고,
고통 속에서도
깨어남이 있기에 감사합니다.

감사는
마음을 밝히는 등불입니다.
감사는
집착을 내려놓게 하는 지혜입니다.
감사는
자비의 씨앗이 되어
세상을 따뜻하게 만듭니다.

오늘 하루,
작은 것 하나에도 감사하며 살아가겠습니다.
따뜻한 물 한 잔,
편안한 의자,
누군가의 미소,
그리고 나 자신에게도
감사합니다.

감사하는 마음은
지금 이 순간을 축복으로 바꾸고,
삶을 수행의 길로 이끕니다.

나는 오늘,
감사의 숨결을 따라
고요히 걸어갑니다.

미소를 건네는 순간, 따뜻한 말을 전하는 순간,
작은 나눔을 실천하는 순간, 우리는 공양을 올리고 있습니다.
당신의 그 마음이 공양이며, 삶 전체가 바로 깨달음의 길입니다.

6
밥 한 숟가락에 깃든 마음

나눔과 공양

날씬한 몸매와 굶주린 배

"아름다운 입술을 갖고 싶으면 친절한 말을 하라. 사랑스러운 눈을 갖고 싶으면 사람들에게서 좋은 점을 보아라. 날씬한 몸을 갖고 싶으면 너의 음식을 배고픈 사람들과 나누어라. 아름다운 자세를 갖고 싶으면 절대 혼자 걷는다고 생각하지 말고 걸어라."
- 오드리 헵번

할리우드의 전설적 여배우 오드리 헵번이 죽기 전 두 아들에게 남긴 말이라고 합니다. 그녀가 평소에도 즐겨 읽던 미국의 유명한 작가이자 방송인, 저널리스트였던 샘 레븐슨의 글입니다. 이 글은 샘 레벤슨이 자신의 손녀에게 진정한 아름다움을 가르친 편지 형식의 글에서 유래한 'Time Tested Beauty Tips(세월이 일러 준 아름다운의 비결)'에서 가져온 구절입니다. 오드리 헵번이 죽고 난 뒤 화제가 되어 지금은 그녀의 명언으로 널리 알려졌습니다.

"신이 오드리 헵번의 뺨에 키스했고 그녀가 나타났다", "그녀의 몸매와 재능을 보고 있으면 그녀는 디자이너를 행복하게 하기 위해 태어난 것 같다" 등 그녀의 외적 아름다움을 극찬하는 말들이 많습니다. 하지만 오드리 헵번은 단순한 영화배우를 넘어, 시대를 초월한 인격적 아름다움의 상징으로 기억됩니다. 아름다운 입술이 부러움의 대상이 되면 친절하게 말을 꺼냈고, 빛나는 눈동자에 찬사가 쏟아지고 날씬한 몸매를 칭찬받으면 굶주려서 배고픈 사람을 생각했기 때문입니다.

정작 그녀의 과거는 그리 녹록지 않았습니다. 2차 대전 직후인 1946년, 영국의 파시스트였던 아버지는 그녀와 어머니를 떠났습니다. 그래서인지 기아에 걸릴 정도로 불우한 어린 시절을 보낸 그녀는 영화배우로 성공한 뒤에도 항상 검소하게 지내고 가족과 많은 시간을 보냈습니다. 특히 화려한 명성을 뒤로 하고 생애 후반을 유니세프 친선대사로서 전 세계의 어린이들을 위해 헌신했습니다. 기근과 전쟁으로 고통받은 아이들을 직접 찾아가 안아주고, 인류애의 중요성을 세계에 알렸습니다. 1992년 암 투병 도중에도 소말리아를 찾아 봉사한 뒤 이듬해 눈을 감은 그녀의 삶은 세상의 어두운 곳을 밝히는 빛이 됐습니다.

오드리 헵번의 삶은 화려한 스포트라이트 속에서도 늘 겸손했고, 타인을 향한 따뜻한 시선과 말로 가득했습니다. 글 서두에 인용한 그녀의 유언은 불교의 '화안애어(和顔愛語)'를 떠올리게 합니다. 한 차례 언급했듯 '온화한 얼굴과 사랑스러운 말'이라는 뜻으로, 자비의 가장 기본적인 실천입니다.

불교에서는 '무재칠시(無財七施)'라는 개념이 있습니다. 가진 게 없어도 마음만 있다면, 누구나 베풀 수 있는 일곱 가지 '보시(나눔)'를 뜻합니다. 그중에서도 '언시(言施)'와 '안시(眼施)'는 말과 눈빛으로 베푸는 자비를 의미하며, 화안애어와 깊은 관련이 있습니다. 그녀는 이 가르침을 삶으로 옮긴 인물이라 해도 과언이 아닙니다.

이런 삶의 태도는 유명 인사에게만 해당하는 게 아닐 것입니다. 우리 일상에서도 충분히 실천할 수 있으며, 오히려 작은 순간들 속에서 더 큰 울림을 만들어냅니다. 출퇴근하며 직장 동료에게 가볍게 인사를 건네거나 편의점에서 계산을 마친 뒤 "감사합니다"라는 말에 진심을 담는 것 모두 화안애어입니다.

가족은 가장 가까운 존재이지만, 때로는 가장 쉽게 상처를 주고받는 대상이 되기도 합니다. 익숙함 속에서 말투는 거칠어지고, 표정은 무심해지기 쉽습니다. 하지만 바로 그곳에서 화안애어의 실천은 가장 큰 의미를 가집니다. 퇴근 후 지친 배우자에게 "오늘도 수고 많았어요"라고 말하며 따뜻한 눈빛을 건네는 것. 아이가 실망스러운 성적표를 들고 왔을 때 "괜찮아, 노력한 걸 알아. 다음엔 더 잘할 수 있을 거야"라고 말해 주는 것. 이런 순간들이 쌓이면, 가족 간의 신뢰와 사랑은 더욱 깊어집니다.

　　화안애어는 이처럼 사소한 순간에 우리 주변의 분위기를 바꾸는 힘이 있습니다. 바쁜 일상에서 누군가의 따뜻한 말 한마디는, 그날 하루를 견디게 하는 작은 위로가 되기도 합니다. **웃음 한 번, 위로 한마디도 보시입니다. 말 한마디의 따뜻함은 금보다 귀합니다.**

절집의 '공양(供養)'이라는 단어는 '받들어 올린다'는 뜻입니다. '단순히 음식뿐 아니라 부처님과 진리, 스님들에게 공경하는 마음으로 바치는 모든 것'을 말합니다. 음식을 먹는 행위도 수행으로 보는 절집에서 식사의 맥락으로 쓰이지만, 실은 '보시'와 더 가깝습니다.

　　출가 초, 겨울로 기억합니다. 산문 앞에 허름한 차림의 노인 한 분이 서 있었습니다.

　　"스님, 밥 한 숟가락만 주시오."

그 한마디에 저는 공양간(주방)으로 달려가 밥을 담았습니다. 그런데 막상 내밀려는 순간, 문득 망설였습니다.

'절의 공양미인데, 괜찮을까?'

주춤하는 저를 선배스님이 본 모양입니다. 제 손을 잡으며 노인에게 들리지 않는 목소리로 지혜를 건넸습니다.

"공양은 밥을 나누는 게 아니라, 마음을 나누는 겁니다 스님. 어서 밥을 가져다 드리세요."

그 말을 들은 순간, 밥그릇의 온기가 손끝으로 전해졌습니다. 나눔은 물건을 덜어내는 일이 아니라, 마음을 더하는 일입니다. 절집에서의 밥 한 그릇은 단순한 식사가 아닙니다. 누군가의 정성, 누군가의 기도, 누군가의 노동이 스며 있습니다. 그 모든 것이 함께 모여 한 그릇의 밥이 됩니다. 공양은 단지 받는 행위가 아니라, '살아 있음에 대한 감사를 실천하는 의식'입니다. 그래서 절집에서는 밥을 올릴 때마다 합장합니다.

그래서 부처님은 "보시보다 더 큰 공덕은 없고, 공양보다 더 깊은 수행은 없다"며 "모든 보시 가운데 법을 베푸는 것이 으뜸"이라고 말합니다. 여러 의미가 있지만, 이 말은 보시(나눔)의 본질을 밝힙니다. 나눔의 행위보다 중요한 것은 '어떤 마음으로 주는가'입니다. 결국 마음을 통해 완성됩니다.

공양의 자리는 따로 있지 않습니다. 제가 늘 강조하는 것도 "진정한 보살은 부엌에서도 도를 닦고, 시장에서도 법을 설한다"는 말입니다. 보살은 깨달음을 완성할 능력은 있지만, 중생을 구제하기 위해 성불을 미루고, 모든 이가 함께 고통에서 벗어날 때까지 돕는 존재입니다. 그런 보살에게 시간과 장소는 큰 의미가 없습니다. 밥상머리도, 길거리도, 사무실도 모두 보시와 공양의 자리입니다. 마치 오드리 헵번처럼 말입니다.

오드리 헵번은 자신의 삶 전체를 통해 세상에 긍정적인 메시지를 전했습니다. 그녀는 말과 표정으로 사랑을 전했고, 그 사랑은 세상을 조금 더 따뜻하게 만들었습니다. "당신이 세상을 더 아름답게 만들 수 있다"는 믿음을 행동으로 보여 주었습니다.

우리 역시, 거창한 일이 아니더라도 일상에서 실천할 수 있습니다. 화안애어는 특별한 능력이 필요한 것이 아니라, 마음의 자세에서 비롯되는 것입니다. **온화한 얼굴과 사랑스러운 말은 누구나 할 수 있는 삶의 태도입니다. 그것이야말로 가장 값진 나눔입니다.**

오늘 하루, 당신의 얼굴에 핀 미소와 함께 따뜻한 말을 건네보세요. 그 작은 실천이 누군가의 삶을 바꾸는 시작이 될지도 모릅니다.

영웅본색과 가난한 여인의 등불

아버지를 묻은 소년은 빈곤까지 함께 묻지는 못했습니다. 생계가 어려워지자, 학교를 중퇴했습니다. 소년은 노점상을 하는 홀어머니와 살기 위해 뭐든 했습니다. 구두닦이, 공장의 임시직공, 우편배달부, 웨이터, 벨보이 등 당장 돈을 벌 수 있다면 뭐든 하면서 생계를 책임졌습니다.

가난했던 어린 시절의 기억은 그가 영화계에 발을 들이고 성공을 거두는 과정에서도 검소한 생활 습관을 갖게 했습니다. 주로 대중교통을 이용하고 사람들과 섞여 러닝을 하는 등 평범한 사람들과 똑같은 일상을 보내는 친근한 배우로 알려지기 시작했습니다.

어느덧, 세월이 흘러 60대 후반이 된 그가 2023년 부산을 찾아왔습니다. 부산국제영화제에 참석하기 위해서였습니다. 그리고 이런 인터뷰를 남겼습니다.

"어차피 이 세상에 올 때 아무것도 안 갖고 왔기 때문에 갈 때 아무것도 안 가져가도 상관없습니다. 제게 필요한 건 점심과 저녁에 먹을 흰 쌀밥 두 그릇뿐입니다."

나중에 알고 보니 그는 이미 2010년 "사후에 전 재산의 99%를 기부하겠다"고 약속까지 했었습니다. 1조 자산가로 알려진 그는 '따거(大哥, 큰형님)'로 불리며 영화 〈영웅본색〉, 〈와호장룡〉 등으로 폭발적인 사랑을 받은 아시아 최고의 스타 주윤발입니다. 이런 말도 남겼습니다.

"돈은 행복의 원천이 아닙니다. 매일 식사와 잘 수 있는 침대만 있으면 충분합니다. 이 돈은 제 것이 아니고 그저 제가 잠시 보관하고 있을 뿐이라서, 이 돈이 꼭 필요한 사람들에게 전해지면 좋겠습니다."

제가 주윤발이라는 한 사람을 기억하는 이유는 그의 재산이나 영화 이력이 아니라, 그의 마음 때문입니다. 더러는 '그동안 성공 가도를 달리며 누구보다 쉽게 모은 재산을 기부하는 게 뭐가 대수냐'고 따질 수도 있겠습니다. 하지만 그의 진정성을 모르고 하는 말일 뿐입니다.

먼저 나서서 '전 재산을 기부한 스타'라고 이미지 메이킹을 하지도 않았고, 기자들의 질문에 뒤늦게 속마음을 밝힌 것이지요. 그 마음 역시 가식이 아니었습니다. 돈에 집착하지 않고 큰돈이 없어도 지금 자신이 가진 것에 만족하면서 특별히 자기를 내세우지도 않았습니다.

그래서 그의 마음은 불교에서 강조하는 '무주상보시(無住相布施)'를 닮았습니다. 주는 마음에 '나'가 없고, 받는 마음에 '너'가 없을 때 그 자리에 자비가 피어납니다. 그 자비가 바로 공양의 본뜻입니다.

종종 "가진 게 없는데 어떻게 보시하느냐"고 묻는 이들도 많습니다. 그럴 때마다 저는 미안함과 주저함이 가득한 그들의 눈을 바라보며 이렇게 대답하곤 합니다.

"그 마음이 있다면 이미 가지고 있는 겁니다. 보시에는 물질보다 중요한 게 더 많습니다."

그러고는 『현우경』에 실린 '가난한 여인의 등불' 이야기를 합니다.

끼니때마다 밥을 얻어먹어야 하루하루를 버티는 가난한 여인이 있었습니다. 어느 날, 그녀는 나라 전체가 부처님과 스님들에게 공양한다는 소식을 들었습니다. 파세나디 왕이 석 달 동안 수만 개의 등불을 밝혀 복을 비는 연등회를 연다는 것이었습니다. 그녀도 공양을 올리고 싶었습니다.

온종일 구걸해서 동전 두 닢을 어렵게 마련한 그녀는 기름을 사러 갔습니다. 기름집 주인에게 사정해서 겨우 작은 등불 하나를 마련한 그녀는 길가에 걸면서 간절히 기도했습니다.

"보잘것없는 등불이지만, 이 공덕으로 다음 생에는 지혜의 빛을 얻어 모든 중생의 어두운 마음을 밝히게 해 주세요."

이윽고 밤이 깊었습니다. 파세나디 왕과 귀족들이 올린 수천 개의 화려한 등불이 차례로 꺼졌습니다. 하지만 그녀의 등불만은 날이 새도록 꺼지지 않고 밝게 빛났습니다. 부처님을 곁에서 모시던 제자 아난다가 끄려고 했지만, 그 무엇으로도 끌 수 없었습니다. 부처님이 조용히 일렀습니다.

"불을 끄려고 하지 마라. 어차피 그 등불은 네가 끌 수 없다. 중생을 건지려고 큰마음을 낸 여인이 보시했기 때문이다. 저 등불의 공덕으로 여인은 반드시 큰 깨달음을 이루리라."

이 소식은 파세나디 왕의 귀까지 닿았습니다. 왕은 화려하게 공양 올린 자신이 수기(受記, 내생에 부처가 된다는 예언을 받음)를 받지 못한 것이 의문이었습니다.

"저는 석 달 동안이나 부처님과 스님들에게 큰 보시를 하고 수만 개의 등불을 켰습니다. 제게도 수기를 내려주십시오."

이에 부처님은 이렇게 말했습니다.

"공덕은 물질의 크기가 아니라 보시하는 마음의 순수함과 서원의 크기에 있습니다. 바른 깨달음은 때로는 하나의 보시로

얻을 수도 있지만, 때로는 수많은 보시로도 얻을 수 없습니다. 먼저 이웃에게 복을 짓고, 선지식에게 배우고, 겸손하고, 남을 존경할 줄 알아야 합니다. 자신의 공덕을 자랑해서도 안 됩니다. 이러면 훗날 반드시 바른 깨달음을 얻을 것입니다."

불교에는 돈이나 재물이 없어도 누구나 할 수 있는 일곱 가지 보시가 있습니다. 바로 '무재칠시(無財七施)'입니다.

온화한 얼굴로 대하는 화안시(和顔施), 칭찬이나 위로 혹은 격려 등 부드러운 말 한마디를 전하는 언시(言施), 따뜻한 마음을 나누는 심시(心施), 부드러운 눈빛과 시선을 건네는 안시(眼施), 몸(행동)으로 돕는 신시(身施), 자리를 양보하는 좌시(座施), 상대의 마음을 헤아리며 보살피는 찰시(察施)를 말합니다. 이 일곱 가지는 모두 '주는 행위'가 아니라 '함께 사는 방식'입니다.

보시의 크기는 가진 양이 아니라 마음의 깊이에 달려 있습니다. 그 마음이 진실하면, 한마디 말도 공양이 되고, 미소 하나도 큰 위로와 공감이 됩니다.

법회보다 한 시간 일찍 와서 방을 청소하고 사람들이 차를 마시고 남긴 찻잔을 닦았던 노보살이 있었습니다. 어느 날 제가 물었습니다.

"연세도 적지 않은데, 왜 그렇게 일찍 오셔서 수고로움을 자처하시는 건가요?"

그녀는 빗질하던 빗자루를 손에서 놓지 않고 저를 보며 가만히 웃었습니다. 웃음이 만든 눈가의 주름이 참 아름다웠습니다.

"제가 좋아서 하는 거예요. 스님, 이게 저의 보시예요."

그녀가 빗자루로 쓴 건 바닥이었지만, 실은 자신의 마음을 쓸고 있었던 겁니다. 아무도 알아주지 않았지만, 그녀는 매일 신시와 화안시, 언시, 찰시를 한꺼번에 실천한 것이지요.

『법구경』의 오랜 지혜처럼 **세상의 모든 꽃향기는 바람을 거슬러 가지 못합니다. 다만, 선한 사람들의 덕(德)의 향기는 바람을 거슬러 널리 퍼집니다.** 물질의 향은 사라지지만, 마음의 향은 오래 남습니다. 무재칠시는 바로 그 향을 피우는 일입니다.

제 기준에서 사람이 할 수 있는 최고의 보시는 자비입니다. 물리적으로 사람을 죽이는 게 무자비가 아닙니다. 사람을 아프게 하는 게 모두 무자비입니다. 자비(慈悲)는 두 글자의 합성어입니다. 자(慈)는 행복해지길 바라는 마음, 비(悲)는 불쌍함에서 벗어나길 바라는 마음입니다. 자비는 불쌍함에서 벗어나서 행복하면 좋겠다는 마음을 내는 것이지요. 자비는 어렵지 않습니다. 사촌이 땅 사면 배가 아픈 마음들을 바꿔 가는 겁니다. 내가 먼저 입꼬리를 올리면 자비, 내리면 무자비입니다.

지금 나의 행동, 나의 말, 나의 생각은 나의 미래가 됩니다.

지금부터 나의 언행과 자비의 씨앗을 심으면 됩니다. 말 한마디와 표정에 따뜻함을 전하면 됩니다. 불교는 이렇게 단순한 겁니다. 팔만대장경 속 그 많은 방대한 내용들이 결국은 하나로 들어옵니다. 나쁜 행동을 좋은 행동으로, 나쁜 말을 좋은 말로, 나쁜 생각을 좋은 생각으로 바꾸어 가는 것이지요.

밥 한 숟가락

"요즘은 밥 한 숟가락도 고맙습니다."

몇 해 전, 중년 남성이 절집에 와서 이런 말을 했습니다. 저는 그 말이 너무 좋아서 메모지에 적어 두었습니다. 그의 이야기는 이랬습니다. 바쁜 도시에서 살다 어느 날 병으로 쓰러졌고, 며칠 동안 물도 삼키지 못하다가 겨우 죽 한 숟가락을 넘겼다고 했습니다. 그 순간 눈물이 났답니다.

"그저 삼킬 수 있다는 게 감사했습니다."

그는 그 일을 계기로 매일 아침 밥상 앞에서 합장한다고 했습니다. 공양은 배를 채우는 일이 아닙니다. 마음을 채우는 일입니다. 그것은 "살아 있음에 대한 자각"입니다. **살아 있다는 건 먹을 수 있다는 뜻이고, 먹는다는 건 누군가의 삶을 이어**

받아 살아간다는 뜻입니다.

밥 한 숟가락은 영양 공급 이상의 의미를 지닙니다. 밥이 어디서 왔는지 돌이켜보면, 자연의 은혜와 사람들의 노고가 담겨 있음을 깨닫게 됩니다. 농부의 땀, 자연의 순환 그리고 지금 내 숟가락 위에 오기까지의 모든 과정이 하나의 큰 연결고리로 이어져 있습니다. 밥 한 숟가락의 뒤에는 논이 있고, 햇살이 있고, 바람이 있습니다. 감사하게도 그 모든 생명이 나에게로 이어집니다.

감사는 만족으로 이어지고, 만족은 다시 지족(知足)의 수행으로 피어납니다. **지족은 '더 이상 바라지 않는 마음'이 아니라 '지금 충분함을 아는 지혜'입니다.** 그래서 감사의 마음은 외부에서 오는 것이 아닙니다. 지금, 이 순간 자신의 마음을 알아차림하는 것에서 시작합니다. 그러면 감사는 나를 위한 기도에서 타인을 위한 기도가 되기도 합니다.

하나님을 믿든 알라를 따르든 부처님의 가르침을 믿고 따르든, 아니면 자신을 믿든 우리는 나를 위한 기도가 익숙합니다. 실은 자기가 처한 현실을 바꾸고 싶기 때문입니다. 밥 한 숟가락을 넘길 수 있는 게 고마운 사람이 있는 한편, 배불리 먹을 수 있는 밥 한 그릇이 절실한 사람도 있습니다. 누구나 힘들고 아프고 괴로우면 벗어나고 싶습니다. 그런데도 내 힘으로 벗어날 수 없을 때 기도합니다. 병을 낫게 해달라, 아이가 좋은 학교에 가게 해달라, 시험에 붙게 해달라, 자식을 낳게 해달라…. 신이든 부처님이든 우리의 간절함과는 달리 정말 귀찮을지도 모르겠습니다.

이런 기도를 절집에서는 초등학생 수준, 즉 초급 기도라고 합니다. 평생 수행만 하다 돌아가신 큰어른 적명 스님이 나눈 기도의 급수입니다. 스님은 중학생 수준의 기도는 같은 소원을 계속 빌지 않는 것이라고 했습니다. 칭찬도 여러 번이면 놀림처럼 들리는 법입니다. 그런데 여기에는 부처님은 다 듣고 있다는 믿음이 깔려있습니다. 그래서 '내 기도는 충분히 다했다'고 생각하는 것입니다.

늘 바라던 바를 기도하고 나면, 마음의 여유가 생깁니다. '내 기도 다했다'고 딱 끊으니 자기 기도에 대한 집착이 사라지는 겁니다. 그러면 다른 사람의 얼굴이 떠오릅니다. 딱한 사정과 형편을 아는 사람의 얼굴이라도 생각나면 그 사람을 위해 기도하게 됩니다. 그러면서 부처님의 마음을 닮아가는 것이지요. 여기까지 중급 기도입니다.

중학생을 졸업한 고등학생의 기도는 아무것도 빌지 않습니다. 대신 '이제 아무것도 빌지 않겠다'고 다짐합니다. 그리고 앞으로도 부탁할 게 없이 자신을 지켜달라고 바랍니다. 물론 이 수준의 기도까지 왔다면, 자신에게 들이닥친 역경과 고난을

"그래도 괜찮아. 그럴 수도 있지. 이만해서 다행이야"라고 자연스럽게 말할 수 있는 경지에 이른 겁니다. 마지막으로 대학생 수준의 기도는 "부처님, 이제 제가 당신을 대신하겠습니다"인데, 이 수준은 기도가 강력한 서원으로 이어지는 겁니다.

한번은 절집 마당을 거닐다 법당에서 어떤 불자가 소원을 비는 것을 우연히 듣게 됐습니다.

"부처님, 제게 더 주시지 않아도 좋습니다. 다만 지금 주신 것을 감사히 볼 수 있게 해주십시오."

적명 스님의 기도 급수 기준에 의하면 고등학생 수준의 기도입니다. 그 기도는 무언가를 구하는 기도가 아니라, 스스로를 바라보는 감사의 기도였습니다. 기도의 목적은 세상을 바꾸는 것이 아니라 세상을 보는 내 마음을 바꾸는 것입니다.

감사의 눈으로 보면, 모든 것이 새롭습니다. 무의식적으로 호흡하며 들이쉬고 내쉬는 숨조차 기적처럼 느껴집니다. 그 순간 우리는 비로소 '받는 자'에서 '주는 자'로 변합니다. 감사하는 마음은 나눔으로 이어지고, 나눔은 다시 감사로 돌아옵니다. 이 순환이 바로 자비의 순환입니다. 그래서 불교에서는 공양과 보시를 함께 말합니다. 주고받음이 다르지 않기 때문입니다.

가끔 절집의 공양 후, 밥그릇을 정리하다가 생각합니다. '내게도 오늘 밥 한 숟가락이 없었다면?' 그 생각만으로도 고개가 절로 숙여집니다.

절집에서는 자주 **"한 톨의 쌀에도 무량한 공덕이 깃들어 있느니, 감사하지 않으면 그 공덕이 사라진다"**고 말합니다. 밥 한 그릇은 단순한 음식이 아닙니다. 그 안에는 사람의 손, 자연의 은혜, 부처님의 가르침이 함께 들어 있습니다. 그 마음을 깨닫는 순간, 우리는 깨달음의 문턱에 서 있습니다. 그 문턱은 "지금, 제 앞에 놓인 밥 한 숟가락을 감사히 받습니다"라는 한마디로 넘어설 수 있습니다.

한 끼에 깃든 마음

한 끼의 식사에는 수많은 기억과 추억이 담겨 있습니다. 어릴 적 어머니가 차려 준 밥상, 학교 앞 분식집에서 친구들과 나누던 떡볶이, 군대에서 허겁지겁 먹던 짬밥, 연인과 함께했던 첫 식사…. 그 모든 순간이 한 끼의 식사에 남아 우리를 웃게도 하고 울게도 합니다. 그래서 한 끼의 식사는 단순한 행위가 아니라 시간과 감정이 담긴 추억의 그릇입니다.

동시에 우리는 식사하며 감사함을 느끼기도 합니다. 오늘도 먹을 수 있는 음식이 있고, 함께 먹을 사람이 있으며 음식을 준비한 누군가가 있다는 그 모든 것이 당연하지 않다는 사실을 깨닫게 됩니다. 한 끼의 식사 속에는 수많은 손길과 정성이 담겨 있고, 그것을 마주하는 우리는 자연스럽게 고개를 숙이게 됩니다.

한 끼를 그저 배를 채우는 일이라고 생각하기 쉽지만, 조금만 생각해 보면 단순한 생존의 행위가 아닙니다. 식탁 앞에 놓인 음식을 바라보는 순간, 우리는 눈에 보이지 않는 수많은 인연을 마주하게 됩니다. 한 방울의 물에도 천지의 은혜가 깃들어 있고, 한 톨의 곡식에도 만인의 노고가 스며 있으며, 한 올의 실에도 베를 짜는 이의 피땀이 서려 있습니다. 그 모든 수고와 정성이 모여 지금 내 앞에 놓인 한 끼가 되었습니다.

"이 음식이 어디서 왔는가. 내 덕행으로 받기가 부끄럽네. 마음의 온갖 욕심 버리고, 육신을 지탱하는 약으로 알아 깨달음을 이루고자 공양을 받습니다."

음식을 먹기 전 절집에서 하는 오관게(五觀偈)입니다. 부처님과 수행자들이 음식을 올리거나 받기 전에 읊는 모든 말 가운데 핵심적인 다섯 구절만 추린 겁니다. 식사 전 이 짧은 오관게로 한 끼 음식을 대하는 마음가짐을 다잡습니다. 첫째, 이 음식이 어디서 왔는지를 깊이 생각합니다. 둘째, 내가 이 음식을 받을 자격이 있는지를 성찰합니다. 셋째, 마음을 바르게 하여 탐심을 떠나겠습니다. 넷째, 이 음식은 좋은 약이라 생각합니다. 다섯째, 오직 깨달음을 이루기 위해 이 음식을 받습니다. 이 다섯 가지 관찰은 오관게가 삶을 살아가는 깊은 철학이 되는 이유입니다.

한 끼의 식사를 할 때마다 저는 오관게를 읊조립니다. 밥 몇 숟가락, 된장국 한 그릇, 김치 몇 점, 몇 가지의 나물 등 절집의 공양은 단출합니다. 하지만 그 안엔 세상의 모든 노고가 들어 있습니다.

절집에는 '일미칠근(一米七斤)'이라는 말이 있습니다. 쌀한 톨에 농부의 땀이 일곱 근이나 들어 있다는 뜻입니다. 농부만 벼를 키웠을까요? 벼가 뿌리 내릴 수 있도록 한 흙, 벼에 수분을 공급해 준 비, 벼가 양분을 만들 수 있도록 내리쬔 햇살이 있었기에 쌀 한 톨이 제 입으로 들어올 수 있었습니다. 그래서 쌀은 물론 **한 끼 밥상에 오른 수많은 음식은 인간과 대자연이 빚은 숭고한 예술품입니다.**

오관게의 "이 한 끼의 밥이 어디서 왔는가?"라는 그 질문 하나가 참회이자 감사입니다. 한 그릇의 밥이 내 앞에 오기까지, 논의 흙, 농부의 땀, 물과 햇살, 바람과 벌레의 삶이 겹겹이 쌓였습니다. 그 수많은 생명 위에 나의 밥상이 있기에 내가 받기가 부끄러운 것입니다. 밥을 허투루 삼키면 생명을 낭비하는 것이고, 천천히 씹으면서 밥이 내게 온 과정에 감사하면 부처님의 가르침을 삼키는 것입니다. 그래서 감사하게 받아 두 손 모아 합장한 뒤 오관게를 외우고 한 끼를 먹습니다.

깨달음은 특별한 시간에 오는 게 아닙니다. 지극히 평범한 일상에서 피어납니다. 한 끼의 음식을 감사하게 받는 사람은 세상 어디에서도 부처님을 만날 수 있습니다.

한번은 지방의 작은 사찰에서 공양을 올린 적이 있습니다. 마을 어르신들이 지어 온 반찬은 화려하지 않았습니다. 김치, 나물, 된장국…. 하지만 그 한 상이 눈물 나게 감사했습니다. 그분들의 손마디마다 묻은 흙내와 웃음이 음식보다 귀했습니다. 공양은 밥의 무게가 아니라, 마음의 무게로 완성됩니다. 그때부터 절집에서 남은 음식을 함부로 버리지 못했습니다. 밥 한 톨에도 땀방울이, 한 숟가락에도 생명이 깃들어 있음을 알았기 때문입니다.

엄마 손을 잡고 절집을 찾은 어린 딸아이의 모습도 떠오릅니다. 점심시간이 되자 공양간에서 다시 모녀를 만났습니다. 오관게를 하는 엄마를 물끄러미 쳐다보던 아이가 숟가락을 들다 말고 물었습니다.

"엄마, 이 밥은 누가 만들었어? 엄마가 만들었어? 아니면 부엌에 있는 저 언니들이 만들었어?"

"햇님이랑 농부 아저씨랑 그리고 물과 바람이 만들었지."

"밥하는 거에 농부 아저씨랑 엄마만 필요한 게 아니었어? 햇님이랑 물과 바람도 만들어? 그냥 먹기엔 너무 아까운데…."

엄마와 아이의 대화가 일품이었습니다. 밥 한 그릇을 비운 아이가 공양간을 나가기 전, 부엌을 바라보며 "감사히 잘 먹었습니다" 하고 인사하는 모습을 보니 저절로 웃음이 나왔습니다.

한번은 사찰음식 체험 프로그램에서 만난 한 참가자가 있었습니다. 그는 바쁜 일상에서 끼니를 거르다시피 살았다고 했습니다. 절집에서 처음으로 오관게를 읊조렸던 그는 천천히 밥을 씹으며 눈을 감고 "오래 천천히 씹어 먹으니, 밥이 너무 달콤하다"고 말했습니다. 한 끼의 밥이 달라진 게 아닙니다. 한 끼에 깃든 마음을 곱씹으며 천천히 먹으려는 마음이 생겨서입니다.

밥 한 끼에 천지의 은혜가 담겼습니다. 그 은혜를 아는 순간, 수행은 이미 시작됩니다. 한 끼를 먹는 행위는 단순한 식사가 아닙니다. 그것은 몸과 마음이 만나는 수행의 자리이며, 감사와 자비가 함께 익어가는 깨달음의 순간입니다. 이것이 바로 밥 한 끼에 깃든 마음입니다.

그릇을 비우는 연습

공양 시간, 제자 하나가 그릇 가득히 음식을 받아왔습니다. 그러고는 오관게도 하지 않고 제 앞에서 허겁지겁 먹기 시작했습니다. 누가 쫓아오는 것도 아닌데 그의 손과 입이 바쁘게 움직였습니다.

"스님, 밥이 도망가는 것도 아닌데, 왜 그리 급하게 드시나요."

젓가락에 반찬을 집은 채로 검칫하던 스님이 고개를 들었습니다.

"오늘따라 너무 배가 고팠습니다."

"그래도 체할 수도 있으니 천천히 드세요. 어쩌면 급히 드시는 게 배고픈 몸이 아니라 굶주린 마음일 수도 있겠네요."

아차, 싶었나 봅니다. 스님이 젓가락을 내려놓고 깊은숨을 내쉬고 오관게를 읊조렸습니다. 절집의 공양에는 규율이 있습니다. 종이 울리면 모두가 조용히 자리에 앉아 밥을 뜨기 전에 합장합니다. 그러고는 입으로 하지 못하면 마음속으로라도 되새깁니다.

"이 음식을 받기 부끄럽지만, 깨달음을 위한 약으로 삼겠다."

이 짧은 마음가짐이 하루의 방향을 정합니다. 공양하는 행위가 단순히 몸의 영양분을 채우는 일이 아니라 마음을 닦는 일로 전환하는 것입니다.

하지만 우리는 눈앞에 맛있는 음식을 참기 힘듭니다. 힘들게 일한 자신을 위한 작은 보상이라고 여기면, 더 맛있는 음식을 찾기 마련입니다. 많은 음식을 맛있게 먹는 먹방 콘텐츠를 보면서 대리만족을 느끼기도 합니다. 그래서일까요? 우리는 대체로 음식에 대한 고마움을 잊고 허겁지겁 먹기에 바쁩니다. 혀에 군침이 고이면 눈과 손이 분주해집니다. 한 손에 든 젓가락으로 반찬을 집고, 다른 손에 든 숟가락으로 밥을 입안에 넣고, 입이 씹느라 바쁜 와중에도 눈은 벌써 다음에 먹을 반찬을 살핍니다. 한 번에 한 가지 동작을 해야 탐하는 마음을 줄일 수 있고, 천천히 먹어야 한 끼 식사에 올라온 음식에 깃든 마음을 살필 수 있습니다.

그래서 절집의 공양은 수행의 압축판입니다. 밥을 떠먹는 속도가 호흡의 리듬과 닮았습니다. 천천히 먹으면 천천히 삽니다. 급히 먹으면 삶도 급해집니다. 그래서 저는 종종 말합니다.

"공양의 속도가 곧 마음의 속도입니다."

밥 한 숟가락마다 마음을 살피면, 생각이 고요해지고, 세상이 맑아집니다.

절집에서는 먹을 만큼 덜어서 천천히 먹고 그릇을 깨끗이 비우라고 강조합니다. 혹자는 먹을 게 없던 보릿고개 시절에나 하는 말이라고 여기는 사람도 적지 않습니다. 그러나 먹는다는 행위는 단순히 에너지를 얻는 일이 아니라, 마음을 오염시키는 세 가지 독(탐욕, 성냄, 어리석음), 즉 탐진치(貪瞋癡)를 다스리는 연습입니다. 그래서 많은 스님들이 일종식(一種食)을 합니다. 하루를 버틸 수 있게 필요한 만큼의 한 끼 식사만 하고, 오후에는 먹지 않는 오후불식(午後不食)을 하는 겁니다. 사람들이 익히 알고 있는 간헐적 단식과는 방식은 비슷할지 몰라도 속뜻이 다릅니다. 하루 한 끼 혹은 두 끼 식사와 16시간 공복 유지는 다이어트와 건강 유지라는 목적이 있지만, 일종식과 오후불식은 음식에 대한 탐욕을 줄이는 절제된 식사 방법인 것이지요.

일종식과 오후불식보다 사람들에게 널리 알려진 식문화가 발우공양인데, 템플스테이의 단골 프로그램이기도 합니다. 밥풀 하나, 고춧가루 하나도 남기지 않는 식사법으로 대부분 알고 있지만 속뜻은 더 깊습니다.

발우는 꼭 필요한 만큼 음식을 담는 나무 그릇이며, 발우공양은 발우에 담긴 음식에 깃든 은혜에 감사하는 절집의 문화입니다. 공양을 받은 인연으로 탐욕과 화와 어리석음을 끊어, 마침내 불도를 이루어 널리 중생에게 보답하리라는 각오를 새롭게 다지는 것이지요.

간혹 템플스테이에서 발우공양을 진행하면, 참가자 몇몇은 밥과 반찬을 양껏 담는 한편 몇몇은 소량만 담기도 합니다. 한번은 발우에 아예 음식을 담지 않는 참가자가 있어 이유를 물었습니다.

"무엇을 먹을지, 얼마나 먹을지 고민하는 게 귀찮습니다. 그리고 발우에 묻는 고춧가루까지 씻어서 다 먹어야 하는 게 싫습니다. 그냥 안 먹겠습니다."

"음식은 많이 먹거나 적게 먹느냐보다 어떻게 먹느냐가 중요합니다."

고개를 갸웃하던 그 참가자는 다른 참가자와 함께 오관게를 한 뒤, 그 뜻을 듣고 나서 생각이 달라진 것 같았습니다. 발우에 먹을 만큼 밥과 반찬을 담고, 천천히 음식을 씹으며 발우를 깨끗이 비웠습니다.

제가 공양의 진짜 의미를 알게 된 건 미얀마 마하시 선원에서 수행할 때입니다. 아침이면 100여 명의 스님들과 일렬로 마을을 돌았습니다. 탁발(托鉢)하는 것이었습니다. 발우를 들고 음식(공양물)을 구하는 행위로, '걸식해서 얻은 음식을 담은 발우에 목숨을 기댄다'는 뜻이 있습니다.

종소리가 울리면 마을 주민들이 미리 준비한 음식을 들고 자기 집 앞으로 나옵니다. 스님들에게 합장한 뒤 음식을 건네는 주민들을 보고 한 생각이 스쳤습니다. '이 공양을 받아먹고 정진하지 않으면 그 인과를 어떻게 갚을 것인가?' 타인의 수고가 담긴 음식을 감사히 먹으며 그릇을 비우고, 빈 그릇에 그들을 고통에서 건지겠다는 자비를 채워야 한다는 사실을 깨달았습니다. 결국 **그릇을 비운다는 것은 빈 그릇에 나와 너에게 이로운 자비를 채우는 연습입니다.**

오늘도 식탁 앞에 앉습니다. 밥을 뜨고 반찬을 집으며, 조용히 마음속으로 되새깁니다. '고맙습니다. 미안합니다. 사랑합니다.' 이 세 가지 마음을 품고 한 숟갈, 한 젓가락을 천천히 음미합니다. 음식의 맛을 느끼며 그 안에 담긴 수많은 노고에 고마움을 전합니다. 그렇게 천천히 내 마음을 돌아보며 그릇을 비우는 연습을 합니다.

 오늘의 명상

공양

오늘도
나는 이 삶을 공양합니다.
숨을 들이마시며,
존경의 마음을 올리고
숨을 내쉬며,
자비의 마음을 흘려보냅니다.

이 작은 찻잔에도
수많은 손길의 정성이 깃들어 있고
이 한 숟가락의 밥에도
대지와 하늘의 은혜가 담겨 있습니다.

나는 알고 있습니다.
무엇을 받는지가 아니라
어떤 마음으로 받는지가
더 중요하다는 것을.

감사의 마음으로
이 물을 마시고
겸손의 마음으로
이 음식을 먹으며
정진의 마음으로
이 하루를 살아갑니다.

한 방울의 물에도
천지의 은혜가 깃들어 있고
한 톨의 곡식에도
만인의 노고가 스며 있으며
한 올의 실에도
베 짜는 이의 피땀이 서려 있습니다.

이 물을 마시고
이 음식을 먹고
이 옷을 입고
부지런히 수행 정진하여
괴로움이 없는 사람
자유로운 사람이 되어
모두의 은혜에 보답하겠습니다.

누군가에게 미소를 건네는 순간
따뜻한 말을 전하는 순간
작은 나눔을 실천하는 순간
나는 공양을 올리고 있습니다.

이 삶 전체가
부처님께 드리는 공양이며
내 안의 부처를 깨우는 수행입니다.

오늘도 나는
존경과 자비
감사와 수행의 마음으로
매 순간을 살아갑니다.

그 마음이 바로 공양이며
그 삶이 바로 깨달음의 길입니다.

이 순간,
나는 공양의 마음으로
살아갑니다.

내가 만난 사람들, 스쳐 지나간 눈빛, 한때의 말 한마디,
그 모든 것이 지금의 나를 만들었습니다.
지금의 나도 누군가에게 인연이 되고 있습니다.
내 말, 내 행동, 내 마음이
어떤 씨앗을 심고 있는지 깊이 돌아봅니다.

7
모든 것은 흐른다

물처럼, 바람처럼

샤헤일루

발이 여섯 개인 동물, 1조 그루가 넘는 나무가 함께 살아갑니다. 밤이면 숲의 생명들은 전설처럼 빛이 납니다. 그리고 그들과 서로 교감하는 '나비' 부족이 함께 살아가는 행성이 있습니다. 이 행성에 지구인들이 부족한 자원 채취를 위해 발을 들입니다.

지구인들의 용병으로 왔던 제이크는 '나비' 부족의 육체를 복제한 아바타를 통해 그들 틈에 섞여 들어갑니다. 그리고 나무, 땅, 물, 동물 등 모든 생명과 교감하는 법을 배웁니다. '나비' 부족은 머리카락 끝 촉수 같은 부분으로 동물과 '샤헤일루(교감)'하며 그들의 피부, 숨결, 생각까지 함께 느낍니다. 그뿐 아니라 나무, 대지와도 서로 마음을 나눕니다. 결국 그는 '나비' 부족

뿐 아니라 이 행성의 모든 생명은 숲에서 태어나고 숲으로 돌아가며, 모든 존재는 연결돼 있다는 오래된 진리를 깨닫습니다.

영화 〈아바타〉에서 특히 인상적인 부분이 바로 '샤헤일루', 즉 교감과 모든 존재의 연결이었습니다. 산사에서 지내는 스님들은 종종 느끼는 부분이기도 합니다. 해 뜨기 전, 산사에는 아직 안개가 머뭅니다. 바람이 나뭇잎을 스치고, 가끔 그 위로 작은 새 한 마리가 날아갑니다. 마당을 빗질하고 한숨 돌리며 깊이 숨을 들이마실 때면 솔향과 흙냄새가 섞여 들어옵니다. 그 향이 가슴을 가득 채우는 순간, 누구나 느낄 수 있습니다.

'이 숨이 곧 숲의 숨이고, 숲의 숨이 곧 나의 숨이구나.'

절집에서 지내다 보면 자연과 교감하며 자연의 시간과 우리의 시간이 닮았음을 피부로 느낍니다. 새벽은 수행자의 첫 마음이고, 낮은 일상의 분주함이며, 저녁은 돌아봄의 시간입니다. 꽃이 피고 지듯, 우리의 마음도 그렇게 열리고 스러집니다. 자연은 끊임없이 가르칩니다.

아침 햇살이 기분을 좌우하고, 비가 내리면 감정이 차분해지며, 계절이 바뀌면 몸의 리듬도 함께 변화합니다. 고대부터 지금까지 이어진 삶의 흔적을 따라가다 보면, 언제나 자연과 함께 호흡하며 살아왔음을 깨닫습니다. 대지의 품에서 태어나 바람을 따라 걸으며, 물소리로 마음을 달래고, 나무 아래서 쉼을 얻습니다. 인간 존재의 본질은 자연으로부터 왔고, 이 순간에도 자연과의 관계 안에서 살아갑니다.

불교에서는 인간을 '지수화풍(地水火風)'이라는 네 가지 요소로 설명하는 것도 같은 맥락입니다. 땅의 안정, 물의 유연함, 불의 열정, 바람의 자유는 단순한 상징이 아닙니다. 우리가 살아가는 방식의 근간이 됩니다. 땅처럼 단단하게 버티고, 물처럼 흘러가며, 불처럼 뜨겁게 삶을 사랑하고, 바람처럼 자유롭게 움직이는 우리 존재는 이미 자연 그 자체입니다.

불교의 '네가 있어 내가 있다'는 '연기(緣起)' 사상과 '너와 나는 다르지 않다'는 불이(不二) 사상은 모든 존재가 서로 연결되어 있음을 알려줍니다. 나무와 인간, 구름과 숨결, 새소리와 감정은 서로 영향을 주고받으며 살아갑니다.

우리는 독립적인 개체처럼 보이지만, 실은 끊임없는 흐름과 연결 속에서 자신의 모습을 갖춥니다. 이 연결은 우리의 행동과 생각에도 깊이 반영되기도 합니다. 자연을 해치는 행동은 곧 나를 해치는 일이며, 자연을 회복하려는 노력은 내면의 평화를 되찾는 길과 다르지 않습니다.

한데 쉽지 않은 길입니다. 우리네 삶은 끝없는 욕망의 연속입니다. 배고픈 배를 채우는 게 아니라 '더' 맛있는 음식을 찾습니다. 더 멋지고 예쁜 옷, 더 크고 안락한 집, 더 좋은 차, 더 높은 연봉과 직책…. 삶이라는 모든 과정에 '더'라는 단어가 붙습니다.

그렇게 '더'라는 단어 한 글자를 삶에 덧붙이기 위해 우리는 얼마나 많은 희생을 치르고 있는지요. 다 쓰지도 않을 휴지를 여러 장을 뽑아 씁니다. 그와 동시에 나무 몇 그루가 사라진다는 사실을 느끼는 이는 안타깝게도 별로 없을 겁니다.

기후 변화, 생물 다양성 감소, 오염은 모두 우리가 자연과 맺고 있는 관계의 불균형에서 비롯되었습니다. 자연은 말없이 우리에게 경고를 보냅니다. 여름이 점점 더 뜨거워지고, 봄꽃이 예정보다 빨리 피고 지며, 겨울은 혹한이 되어가고 있습니다. 이러한 현상들은 우리에게 자연과의 단절을 다시 회복하라고 속삭이고 있습니다.

우리와 자연과의 단절을 다시 연결해야 합니다. 그래야 숲을 걷고, 나무를 바라보며, 땅을 밟는 그 순간들 속에서 우리는 자신을 되찾을 수 있습니다. 삶의 본질은 자연의 흐름 안에 있고, 그 흐름을 따를 때 우리는 더욱 평화롭고 온전한 존재가 됩니다. 자연과 함께 피고 지며, 흔들리고 다시 뿌리내리는 삶은 본연의 길입니다.

자연을 닮는다는 건 고요히 흘러가는 연습입니다. 억지로 움켜쥐지 않고, 흐르는 대로 살아보는 일입니다. 산은 스스로 높지 않으려 하고, 바다는 스스로 깊지 않으려 합니다. 그저 자신의 자리를 지킬 뿐입니다. 그 단순함 속에서 평화가 자랍니다. 그 평화가 바로 우리의 참된 숨결입니다.

    나의 숨, 나의 마음, 나의 생각이 곧 자연입니다. 나와 세상은 둘이 아니며, 모든 존재는 같은 숨을 쉬고 있습니다.

인도(India)와 인도(人道)

"자동차는 차도로, 사람은 인도로." 익숙한 이 문장이 보일 때마다 인도를 순례했던 기억이 떠올라 여러 가지 생각이 듭니다. 인도는 길이 많은 나라입니다. 자동차는 차도로 달리고, 사람은 인도로 걷습니다. 그 당연한 경계가 인도에서는 자주 흐려집니다. 델리 공항을 나서자마자 저는 교통의 혼돈 속으로 빨려 들어갔습니다. 사람과 차, 소와 개, 오토바이와 손수레가 뒤섞여 한 길을 공유하며 각자의 목적지를 향해 가고 있었습니다.

　인도는 저를 시험했습니다. 인도에서 걷는다는 것은 끊임없는 흐름의 연속이었습니다. 길가에 펼쳐진 노점상, 갑자기 튀어나오는 오토바이, 저를 향해 손을 흔드는 아이들 그리고 인도를 걷는 소 떼…. 처음엔 당황스러웠고 화도 났습니다. '왜 이렇게 무질서하지?' 그러다 받아들이기로 마음먹자 작은 깨달음이 찾아왔습니다. 제가 만든 '질서'라는 관념이 저를 힘들게 하고 있었습니다. 인도 사람들에게는 '걸레와 행주와 수건의 구분'이 없듯이, '이래야 한다'는 고정 관념이 무색했습니다. 제가 당연하다고 믿었던 모든 질서와 구분이 그들의 삶에 어떤 경계도 만들지 않았습니다. 그저 유연하게 흘러갔습니다.

누군가는 달리고, 누군가는 멈추고, 그 모든 속도 차이가 그대로 삶의 리듬이었습니다. 처음엔 그 혼잡함이 낯설었지만, 오래 바라보니 문득 '내가 배워야 할 건 걷는 법이 아니라, 멈추지 않는 마음의 리듬이구나' 하는 생각이 들었습니다. 모든 존재가 한데 섞여 각자의 리듬대로 나아가야 한다는 것이지요.

우리가 만든 규칙과 관념은 잠시 머물다 사라지는 그림자에 불과합니다. 삶도 마찬가지입니다. 한번은 바라나시에서 갠지스 강변을 걷다가, 갑자기 나타난 소 떼에 길을 막혔습니다. 인도에서는 소도 인도를 걷습니다. 소는 물론 모두가 경계 없이 뒤섞인 그 모습은 마치 삶과 죽음이 공존하는 갠지스강처럼, 경계가 없는 세계를 보여 주는 듯했습니다.

갠지스강은 저에게 깊은 울림을 주었습니다. 그곳에서는 삶과 죽음이 나란히 존재했으며, '무상한 흐름'을 날것 그대로 드러내고 있었습니다. 강가에서 목욕하는 사람들 웃음소리 옆에서 장례 의식을 치르는 가족들의 침묵이 공존했습니다. 죽음이 두려움이 아닌, 지극히 자연스러운 삶의 흐름으로 받아들여지는 그 풍경 속에서 저는 삶의 본질을 마주한 듯한 느낌을 받았습니다.

보기에도 측은할 정도로 빈약한 인상과 체형을 가진 여인이 있었습니다. 그 여인의 이름은 말라깽이(끼사) 고따미였습니다. 상인의 아들과 결혼해 행복을 꿈꿨지만, 가난한 집안 출신이라는 이유로 시부모의 학대를 받았습니다. 남편 역시 다정하진 않았습니다.

그런 그녀에게도 행복이 찾아왔습니다. 눈에 넣어도 아프지 않을 아들을 낳자, 시부모도 남편도 예전과 달리 대해주었습니다. 이제 삶은 꽃길만 걸을 것 같았고, 자신의 분신 같은 아들을 금지옥엽으로 귀하게 키웠습니다.

그 행복도 길지 않았습니다. 갑자기 병이 든 아들이 죽고만 것이었습니다. 그녀는 유일한 희망이었던 아들의 죽음을 도저히 받아들일 수 없었습니다. 축 늘어진 아들을 부둥켜안고 백방으로 약을 구하러 뛰어다녔습니다. 시체를 껴안고 눈물 범벅으로 절규하며 맨발로 뛰어다니는 그녀의 모습은 미치광이처럼 보였습니다. 그런 그녀가 지푸라기라도 잡는 심정으로 만난 사람이 부처님이었습니다.

"우리 아들의 병을 치료할 수 있는 약을 알고 계신다고 들었습니다. 제발 아들을 살려주세요."

"온 마을을 뒤져 죽음이 없었던 곳을 찾아 겨자씨 한 줌을 가져오면 알려주겠다."

한 집 한 집 마을 전체를 돌며 죽음이 없는 곳을 찾았지만, 단 한 곳도 없었습니다. 그녀는 넋 나간 꼴로 그대로 주저앉고 말았습니다.

'아…. 지금까지 많은 사람이 죽었구나. 내 자식만 죽은 게 아니었구나.'

그녀는 모든 생명체는 태어남과 동시에 죽음을 향해 흐르고 있다는 사실을 깨달았습니다. 그녀는 소중하게 안고 있던 아들을 한참 바라봤습니다. 그러고는 차갑게 굳어 버린 아들을 천천히 내려놓았습니다. 비로소 죽음이라는 삶의 흐름을 받아들인 것이었습니다.

왜 우리는 괴로울까요? '모든 것은 흐른다'는 무상(無常)의 지혜를 받아들이지 못하고, 영원하지 않은 것에 집착하기 때문입니다. 집착은 괴로움의 원인입니다.

인도 순례는 저에게 '흐름'을 받아들이는 길을 가르쳐 주었습니다. 그 길은 질서보다 공존, 규칙보다 유연함, 관념보다 본질을 택하는 삶의 방식이었고, 오직 '지금, 이 순간'만이 중요하다는 깨달음이었습니다.

　관념은 관념일 뿐이라는 사실을 저는 인도에서 배웠습니다. 인도 사람들 속에서 느낄 수 있었습니다. 그들은 과거에 얽매이지 않았고, 미래를 걱정하지 않았습니다. 지금, 이 순간을 살아가는 그들의 모습은 저에게 인간의 본성을 보여 주었습니다. 그리고 **삶과 죽음은 커다란 인연의 흐름 속에 있다**는 본질을 일깨웠습니다. 인도(India)는 제게 인도(人道), 곧 우리네 삶의 본질을 알려주고 있었습니다.

한 마리 개와 목줄

절집에 찾아온 개 한 마리가 인연이 되어 머문 지 어느덧 1년이 지났습니다. 처음엔 그저 지나가는 인연이라 여겼지만, 어느새 절의 일상에 깊숙이 자리 잡으며 가족처럼 지내게 되었습니다. 목줄 없이 자유롭게 뛰어놀던 그 모습은 마치 자연과 하나가 된 듯했고, 보는 이의 마음마저 평온하게 만들었습니다.

평화는 오래가지 못했습니다. 개는 점점 자랐고, 행동반경도 넓어졌습니다. 아랫마을까지 내려가 농작물을 짓밟고, 닭장을 기습하는 일이 생기기 시작했습니다. 몇 차례 변상해야 했고, 마을 주민들에게 죄송한 마음을 전하며 "다시는 이런 일이 없게 하겠다"는 약속도 했습니다. 결국, 어쩔 수 없이 목줄을 사서 채우게 되었습니다. 그 결정을 내리는 순간, 마음 한쪽이 무거워졌습니다.

　목줄에 묶여 있는 개를 볼 때마다 안쓰러운 마음이 들었습니다. 자유롭게 뛰놀던 그 모습이 떠오르며, '만약 누군가가 목줄을 채워 내 목을 매어 놓는다면 얼마나 답답하고 괴로울까'라는 생각이 들었습니다. 생명은 자유로울 때 가장 빛나며, 억제된 존재는 그 본연의 아름다움을 잃기 마련입니다.

　동남아의 불교 국가들에서 개에게 목줄을 매어 놓은 행위는 다음 생에 반드시 과보를 받는다고 믿는다고 합니다. 그들은 개를 자유롭게 풀어놓고, 그로 인해 생기는 일들도 인연의 일부로 받아들입니다. 그 이야기를 접하고 나니, 더욱더 목줄에 묶여 있는 개가 안쓰럽게 느껴졌습니다. 절이라는 공간은 자비와 공존을 실천하는 곳인데, 그 자리에 있는 생명에게 자유를 허락하지 못하는 현실이 안타까웠습니다.

어느 날, 걸컥 새끼를 낳았습니다. 작고 여린 생명들이 태어난 그 순간, 절집의 분위기는 달라졌습니다. 놀라움과 기쁨 속에 그 생명들을 바라보았습니다. 동시에 걱정도 함께 찾아왔습니다. 이 작은 생명들을 어떻게 돌볼 것인지, 절이라는 공간에서 그들에게 어떤 삶을 허락할 수 있을지 고민이 깊어졌습니다.

　새끼들을 바라보며, 목줄에 묶여 있던 어미 개의 눈빛은 더욱더 깊은 울림을 주었습니다. 그 눈빛 속에는 보호와 책임 그리고 자유에 대한 갈망이 담겨 있는 듯했습니다. 생명을 낳았다는 것은 단순한 기쁨만이 아니라, 그 생명을 지켜내야 하는 무거운 책임이 따르는 일입니다. 절집에서 그 책임을 어떻게 실천할 수 있을지, 모두가 함께 고민했습니다.

그래도 네 마리여서 다행이라는 생각이 들었습니다. 네 마리라면 우리가 감당할 수 있는 범위 안에서, 더 정성스럽게 돌볼 수 있을 것이라는 희망이 생겼습니다.

절에서 키우는 개들은 단순한 반려동물이 아닙니다. 그 이름 하나하나에도 깊은 뜻이 담겨 있습니다. '보리', '해탈', '반야' 그 모두가 다음 생에는 육도윤회에서 벗어나 고통 없는 길로 나아가기를 바라는 마음에서 지어진 이름들입니다. 저는 네 마리 강아지의 이름을 짓는 일에 푹 빠졌습니다. 작명은 단순한 호칭을 넘어서, 그 생명에게 바라는 축복이자 기도입니다. 작은 생명 하나하나에 어울리는 이름을 찾는 그 시간이 이토록 즐겁고 의미 있는 줄은 몰랐습니다.

분양 안내를 하자, 한 마리를 입양하겠다는 스님이 나타났습니다. 꼬순내까지 완벽한 귀여움 그 자체인 보리와 해탈이 그리고 반야 가운데 누군가를 보내야 한다는 사실이 못내 아쉬웠습니다. 그 스님이 찾아올 날짜가 다가올수록 점점 괴롭다는 생각마저 들었습니다. 행복과 불안이 교차하며 마음을 혼란스럽게 했습니다.

　개에게 목줄을 채웠던 것처럼 저 자신을 집착에 구속한 것입니다. 절집에 나타난 반갑고 새로운 인연을 놓아주는 용기가 아직 제겐 부족했던 모양입니다. **"영원한 것은 없으며 모든 것은 변한다"는 불교의 가르침도 강아지들에게 마음을 주고 나니 죽어버린 지혜가 됐습니다.**

　스님은 개를 목줄 없이 자유롭게 키우겠다고 약속했고, 마음이 조금 놓였습니다. 부끄럽지만 저 스스로가 아닌 외부 인연을 통해 비로소 집착에서 조금 벗어났습니다. 생명에게 자유를 허락하는 공간이라면, 그곳이 어디든 좋은 인연이 될 수 있으리라 믿었습니다.

　절집의 반려견은 우리에게 '생명의 축복'과 '책임'이라는 새로운 인연을 가져왔습니다. 개가 절에 찾아온 이후, 그 존재는 단순한 동물이 아니라 하나의 인연이자 수행의 거울이 되었습니다.

　자유롭게 뛰놀던 모습은 자연과 조화로움을 상징했고, 목줄에 묶인 모습은 인간의 편의와 질서 속에서 생명이 감내해야 하는 현실을 보여 주었습니다.

이 모든 인연과 깨달음은 한 마리 개의 방문에서 시작되었습니다. 그리고 그 생명들은 우리에게 가장 근본적인 가르침을 남겼습니다. 그 작은 생명이 절에 남긴 흔적은 단순한 발자국이 아니라, 우리 마음속에 자비와 책임 그리고 자유에 대한 깊은 울림으로 남아 있습니다. 그 울림은, 앞으로 우리가 어떤 삶을 살아가야 할지에 대한 조용한 가르침이 됐습니다.

"모든 것은 흘러가니, 어떤 것도 붙잡아 영원히 소유할 수 없다. 그러니 집착하지 마라. 그리고 이 흘러가는 찰나의 순간에 온 마음으로 자비와 사랑을 다하라."

이것이 바로 절집에 찾아온 한 마리 개가 우리에게 준 진정한 선물, 무상(無常)의 지혜였습니다.

물처럼, 바람처럼

그날은 강가에서 명상을 하던 날이었습니다. 오랜 시간 앉아 있자 바람이 내 볼을 스쳤고, 햇살이 물 위에서 반짝이며 흘러갔습니다. 눈을 감고 숨을 고르니, 물소리와 바람 소리가 서로를 부르며 흘러갔습니다. 그 순간 마음속으로 이런 문장이 떠올랐습니다.

"물은 머물지 않고, 바람은 그물에 걸리지 않고 잡히지 않는다. 그러니 나도 머물지 않고, 바른 방향으로 흐르며 나아가겠다."

삶이란 흐름입니다. 잡으려 하면 막히고, 놓으면 흘러갑니다. 모든 것은 생겨나고 사라지는 물결 속에 있습니다. **집착은 웅덩이이고, 집착이 깊을수록 마음의 물이 고여서 탁해집니**

다. 흐른다는 건 포기하는 게 아니라, '지금'이라는 자리에서 자유로워지는 일입니다.

집착은 고통의 그물이고, 비움은 그 그물을 벗어나서 흐르는 일입니다. 고통은 변화를 거부하는 마음에서 비롯됩니다. 삶은 변하고 있는데, 우리는 자꾸 어제의 모양으로 붙잡으려 합니다. 한 번 지나간 순간은 다시 돌아오지 않는 법입니다. 물은 어제의 강물이 아닙니다. 오늘의 흐름은 오늘의 모양으로 흘러가기 마련입니다.

"스님, 흐른다는 건 무책임하게 사는 것 아닙니까?"

한번은 제자가 이렇게 물었습니다. 스승이 자꾸 "모든 것은 흐른다"며 "삶도 수행도 그래야 한다"고 하니 뜬구름 잡는 소리만 하는 것 같이 받아들여진 모양이었습니다.

"스님, 그건 떠밀려가는 게 아닙니다. 모든 것은 고정된 실체가 없이 끊임없이 변한다는 무상의 지혜를 받아들이는 것입니다. 그 지혜를 따라 흘러가고 그 지혜에 자신을 온전히 맡겨 보는 겁니다."

설명이 충분했던지 제자는 "오늘부터 맡겨보겠다"며 합장하고 물러났습니다. 흐름은 체념이 아니라 마음이 가는 삶의 방향에 대한 신뢰입니다. 신뢰는 '모든 것이 다 괜찮다'고 방관하는 게 아닙니다. '모든 것은 변한다'는 지혜를 신뢰하고, 삶의 물결 손에서도 방향을 잃지 않는 것이지요. 흐름 속에서도 마음의 중심을 잃지 않는 이는 어디서든 마음이 흘러갈 방향과 길을 찾아냅니다.

물처럼, 바람처럼 살아가는 삶의 태도는 무심함을 가장한 도피가 아니라, 세상을 대하는 방식에 대한 깊은 성찰에서 비롯된 태도입니다. 하루를 살아가며 마주하는 크고 작은 일들 속에서, 우리는 흔들리고 기대하며 때로는 지쳐갑니다.

하루의 끝자락, 지친 몸을 이끌고 귀가하는 길에 누군가의 퉁명스러운 말 한 줄에 마음이 무너지는 날이 있습니다. 혹은 회의 중에 자신이 낸 의견이 무시당할 때, 억울함과 속상함이 몰려오기도 합니다. 그런 순간이 올 때, "그냥 흘려보자, 그럴 수도 있지, 그래도 괜찮아, 이만해서 다행이다"고 자신에게 말해 주는 것이 큰 위로가 되기도 합니다.

그 퉁명스러운 말은 어쩌면 그 사람이 하루를 살아오며 쌓인 피로에서 비롯된 것일지도 모르고, 무시당한 의견 역시 그 순간의 판단 오류일 뿐일 수 있습니다. 감정에 매달리는 대신, 있는 그대로 받아들이고 흘려보낼 수 있다면, 마음은 다시 제자리로 돌아오고 삶은 얽히지 않고 편안해집니다.

물과 바람은 흘러가지만 사라지지 않습니다. 형태는 바뀌어도 본질은 이어집니다. 우리의 인연과 감정도 그렇습니다. 누군가는 떠나고, 누군가는 다시 찾아오지만, 그 흐름 속에서 우리의 마음은 성장합니다.

종종 우리는 관계 속에서 집착과 기대에 얽매입니다. 연인이 연락이 없거나, 가족이 우리가 기대한 반응을 하지 않을 때 마음은 서운해지곤 합니다. 그럴 때 우리는 감정을 붙잡기보다 흘려보내는 선택을 할 수 있어야 합니다.

'붙잡는 사이'보다 '흘려보낼 줄 아는 사이'에서 관계는 더 건강하고 더 오래 지속됩니다. 지나친 기대와 통제보다는 유연함과 신뢰를 바탕으로, 서로를 스치듯 존중하는 태도가 관계를 더욱 아름답게 만들어 줍니다.

삶은 매일 우리에게 선택을 요구합니다. 붙잡을 것인가, 흘려보낼 것인가. 그 선택은 우리의 마음을 가볍게도, 무겁게도 만들 수 있습니다. 물처럼 살아갈 때 우리는 감정을 품되 흘려보내며 단단해지고, 바람처럼 살아갈 때 우리는 관계 속에서도 자유롭게 숨을 쉬게 됩니다.

물은 모든 것을 담고도 흐름을 잃지 않으며, 바람은 모든 것을 지나치고도 흔적을 남기지 않습니다. 자유란 그물에 걸리지 않는 바람처럼 걸림이 없는 마음입니다. 걸림이 없다는 건 무관심이 아니라, 모든 것과 조화를 이루는 힘입니다. 물은 모든 것을 품고 흐릅니다. 그게 자비의 형태입니다.

물과 바람은 모든 것을 품으면서도 무겁지 않습니다. 장애

물을 만나면 맞서기보다 돌아가며, 흐르면서 상처를 감싸안는 존재입니다. 그렇게 물은 강물에 이르고 모두를 품는 바다에 다다르며, 바람은 흔적없이 머물다 다시 흩어집니다.

당신도 물처럼, 바람처럼 살아가기를 바랍니다

거울은 먼저 웃지 않는다

봄비가 그친 절 마당에는 어린 풀잎이 고개를 내밀고 있었습니다. 겨우내 얼어붙어 있던 흙이 조금씩 풀리며, 그 속에서 새로운 생명이 꿈틀거렸습니다. 그 모습을 바라보니 흙냄새가 코끝을 스쳤습니다. 한겨울의 냉기가 완전히 가시지 않은 공기 속에서, 풀잎은 마치 "이제 나아가야 할 때"라고 말하는 듯했습니다. 저는 그 장면 앞에서 문득 생각했습니다. '모든 변화는 이렇게 온다. 조용히 그리고 조금씩.'

    세상은 결코 한순간에 바뀌지 않습니다. 눈부신 혁명보다 미세한 흔들림 속에서 변화는 다가옵니다. 봄비 한 줄기에도 흙이 숨을 쉬고, 풀잎 하나에도 생명의 리듬이 깃듭니다. 그처럼 마음의 변화도 어느 날 갑자기 오는 게 아니라, 작은 깨달음들이 모여 한 방향으로 나아가는 일입니다.

　봄비가 그친 그날 오후, 저보다 삶의 흐름을 많이 겪은 듯한 노년의 여성이 찾아왔습니다. 그래서일까요? 익숙함이 당연한 그녀였습니다.

　"저는 변화가 두려워요. 익숙한 것을 놓는 게 너무 어렵습니다. 곁에 있던 게 사라지는 것이 두렵습니다."

　"봄이 오려면 겨울이 물러나야 하듯, 변화도 무언가를 비워야 찾아옵니다."

　"그럼 버려야만 얻을 수 있나요?"

　"버리는 게 아니라, 흘려보내는 겁니다. 붙잡지 않으면 자연히 새 인연이 들어옵니다."

　그녀는 말없이 창밖을 보았습니다. 추운 겨울을 견디고 짙은 향기를 내뿜는 매화 한 송이를 가리키며 이렇게 말했습니다.

　"언젠가 저 매화도 곧 지겠군요. 그 향기를 붙잡지 않아도 내년 봄엔 다시 매화는 피고 짙은 향기를 주는 사실을 새삼 알게 됐어요."

　새로운 인연은 옛 인연의 그림자요, 옛 인연은 새로운 인연의 씨앗입니다. 모든 인연은 단절되지 않고 이어집니다. 헤어진 사람도, 지나간 시간도, 다른 모습으로 다시 우리 곁에 옵니다. 그 인연을 알아차릴 때, 삶의 무게는 한결 가벼워집니다. 그녀의 표정에서도 조금의 미소가 피어났습니다.

변화는 마음이 성숙해지는 과정입니다. 낡은 생각이 떨어져 나 갈 때, 비로소 자비가 자랍니다. 과거의 껍질을 벗어야 새로운 빛이 들어옵니다. 우리가 익숙함을 놓지 못하는 건, 그 익숙함 속에 '나'의 틀을 두었기 때문입니다. 하지만 그 틀을 비워야 마음의 길이 넓어집니다.

이직을 앞둔 중년 남성은 몹시 불안해 보였습니다. 20년 가까이 다니던 직장을 관두고 새로운 직장을 다녀야 하는 게 너무 어색하다는 겁니다. 낯선 환경과 동료, 새로운 조직 문화와 시스템이 그동안 자신의 경력을 송두리째 무시할 것 같다는 생각에 사로잡혀 있었습니다. 수많은 주저함과 고민으로 깊은 시름에 빠진 그가 말을 꺼냈습니다.

"새로운 환경이 너무 낯설 것 같습니다. 다시 처음부터 시작해야 할 것 같아요."

"과거의 경험이 헛되었다고 생각합니까?"

"그렇지 않습니다. 다만 익숙하지 않아서요. 만에 하나 익숙하지 않아서 서툰 모습을 보고 저를 무시할 것 같다는 걱정도 앞섭니다."

"그럼 괜찮습니다. 익숙하지 않다는 건 새로 배운다는 뜻입니다. 변화라는 흐름이 당신에게 배움이라는 선물을 주는 거예요. 내 경력 20년을 앞세우고 살면 새 직장에서 서툰 자기 모습이 부끄럽습니다. 하지만 20년이라는 오랜 경험은 새 직장에서 부딪히는 곤란한 상황을 지혜롭게 해결하는 길을 보여 줄 겁니다."

우리가 두려워하는 건 변화가 아니라, 그 안에서 사라질지도 모르는 '나'라는 환상입니다. '내가 이뤄온 것'이 단단한 벽을 세우고 변화라는 흐름을 막는 것이지요.

변화는 때로는 두렵고 불편한 과정입니다. 익숙한 것을 내려놓고, 낯선 것을 받아들여야 하기 때문입니다. 그러나 그 불편함을 견디고 나아갈 때, 더 넓은 세상과 마주하게 됩니다. 변화는 우리를 성장시키고, 더 깊은 인간관계를 맺게 하며, 더 풍요로운 삶으로 이끌어 줍니다. 그리고 그 변화의 끝에는 늘 새로운 만남이 기다리고 있습니다.

새로운 인연은 단지 사람과의 만남만을 의미하지 않습니다. 그것은 새로운 기회, 새로운 가치관, 새로운 삶의 방식과의 만남이기도 합니다. 내가 변화함으로써 이전에는 보이지 않던 가능성이 보이기 시작하고, 그 가능성은 더 나은 방향으로 이끌어 줍니다. 결국 변화는 인생의 문을 여는 열쇠이며, 새로운 만남의 시작점입니다.

혹시 삶이 답답하거나 반복되는 일상에서 무기력함을 느끼고 있는지요. 문제는 바로 내 자신 안에 있습니다. 내가 먼저 변화하면, 세상은 그에 맞춰 반응합니다. 내가 긍정적인 에너지를 내면, 그에 걸맞은 인연이 찾아오고, 내가 진심을 담아 행동하면, 진심을 알아보는 사람들이 다가옵니다.

'나'라는 익숙함에 기대어 어제와 똑같이 살면서 삶이 바뀌길 기대한다면, 모래로 밥을 짓는 것과 같습니다. **거울 속 나는 절대 먼저 웃지 않습니다.** 변화 없는 반복은 익숙함을 줄 수는 있지만, 그 익숙함 속에서는 새로운 가능성이 자라나기 어렵습니다.

　뭔가 대단한 결심이 필요하지 않습니다. 오늘 하루, 내가 하는 말 한마디, 행동 하나, 생각 하나를 조금 더 따뜻하게, 조금 더 진실하게 바꾸는 것에서 시작됩니다. 그 작은 변화들이 모여, 결국 인생을 바꾸는 큰 흐름을 만들어냅니다. 오늘부터, 아니 지금부터 나 자신을 향한 작은 변화의 씨앗을 심어보시길 바랍니다. 언젠가 그 씨앗은 당신의 삶에서 향기를 퍼뜨리는 꽃으로 피어날 것입니다.

세상에서 가장 위대한 춤

늦은 봄, 은퇴식에 초대받았습니다. 그는 30년 넘게 한 자리를 지켜온 공무원이었습니다. 그날은 유난히 햇살이 따뜻했습니다. 동료들의 축하 속에서도 그의 표정에는 묘한 공허함이 비쳤습니다. 식이 끝난 뒤, 그는 제게 조용히 물었습니다.

"스님, 이제 저는 뭘 해야 할까요?"

"이제 진짜 삶을 시작하실 차례입니다."

그가 눈시울을 붉혔던 그날의 바람, 그날의 침묵이 오래 마음에 남았습니다. 우리는 '끝'이라는 단어에 쉽게 주저앉습니다. 퇴직, 이별, 상실, 죽음…. 그것들은 언제나 닫힌 문처럼 보입니다. 하지만 수행자의 눈으로 보면, 끝은 단절이 아니라 회향입니다. 하나의 인연이 다하면, 그 자리에 새로운 인연이 피어닙니다. 무상(無常)은 소멸이 아니라 변화의 약속입니다.

모든 것은 머물지 않고 흘러가지만, 흘러감 속에서도 진리는 머뭅니다. 무상은 변화를 뜻하지만, 그 변화 속에서 우리는 진리를 봅니다. 멈춤은 단절이 아니라 다시 흐르기 위해서 방향을 돌리는 일입니다. 그 자리에서 또 다른 삶이 시작됩니다.

은퇴도 마찬가지입니다. 멈춤이 아니라 또 다른 시작점입니다. 몸은 쉴 수 있지만 마음은 멈추지 않습니다. 배움이 끊어질 때, 마음은 늙는 법입니다. 삶이 멈춘 듯 보일 때, 그 순간이 오히려 가장 깊은 공부의 자리이기 때문입니다. 배움이 이어지는 한, 인생은 멈추지 않습니다.

한번은 자비명상 프로그램에서 만난 중년 남성이 따로 조용히 찾아왔습니다. 아직 은퇴는 이르다는 분위기를 풍긴 그는 상실감과 우울감에 젖어 있었습니다.

"회사에서 물러나니 세상이 낯섭니다. 이제 저를 필요로 하는 곳이 없는 것 같습니다. 살아갈 이유가 사라져 버린 것 같아 허무합니다."

"사람은 쓰임으로 존재하지 않습니다. 존재 자체로 이미 의미가 있습니다. 이 말을 곱씹고 궁리하면서 '허무하다'는 자신의 마음을 천천히 그리고 오래 관찰해 보시길 바랍니다. 그러면 다시 흘러갈 방향이 보일 겁니다."

며칠 뒤 제게 이런 편지를 보내왔습니다.

"스님, 이 나이를 먹고도 아직도 이럽니다. 태어난 김에 남은 인생도 잘 살아보렵니다. 다시 흘러가야지요. 돈 버는 일이 아니더라도 의미 있는 일은 많으니까요."

우리가 먹고 마시고 배출하는 물은 강물로 흐르고, 강물은 바다로 흐르고, 흐르다 증발하면 구름이 되고, 다시 비가 되어 우리에게 단비를 내립니다. 모든 것은 흐릅니다. 그러나 물은 단 한 번도 같은 형태로 흐르지 않습니다. 마시는 물이었다가 강물이 되고, 구름이 되고, 비가 됩니다. 다만 물이라는 본질은 변하지 않고 흐를 뿐입니다.

삶도 그렇습니다. 오늘의 나는 어제의 내가 아니지만, 그 변화 속에서도 '배움'과 '나눔'의 흐름은 이어집니다. 그 흐름이 끊어지지 않는 한, 삶은 끝나지 않습니다.

저 역시 길을 잃고 끝이라고 여겼던 순간, 새로운 흐름으로 이어졌습니다. 아버지의 부재와 가족의 해체 속에서 방황했고, 오대산 눈밭에서 멈추려던 생의 흐름은 한 스님의 손길로 출가의 인연으로 이어졌습니다. 그때부터 제 삶의 '자비'와 '화해' 그리고 '용서'와 '감사'의 뜻을 품었습니다.

뜻이란 단순한 바람이나 희망이 아닙니다. 그것은 마음 깊은 곳에서 우러나오는 결심이며, 삶을 이끄는 중심입니다. 저에게 그 뜻은 상처를 끌어안고, 그것을 치유하며 살아가는 것이었습니다. 출가 후 오랜 시간 수행에 몰두했고, 마음속 응어리를 하나씩 풀어가며 아버지를 용서할 수 있었습니다. 결국 절에서 아버지를 모셨고, 그 순간은 저에게 큰 화해의 길이었습니다.

구순의 어머니를 등에 업고 전국의 사찰을 함께 순례했습니다. 그 여정은 단순한 여행이 아니었습니다. 어머니와 함께한 마지막 시간, 그 발걸음 하나하나가 저의 뜻을 실천하는 길이었습니다. 〈불(佛)효자〉라는 다큐 영화로 그 여정이 세상에 알려졌을 때, 효가 단지 부모를 위한 것이 아니라 인간 회복의 길이라는 사실을 다시금 깨달았습니다.

사람은 태어날 때 이미 쓰임새를 가지고 태어난다고 믿습니다. 누구나 이 세상에 온 이유가 있고, 그 존재 자체로 의미가 있습니다. 어떤 이는 사람을 웃게 하는 재능을 가지고 태어나고, 어떤 이는 아픈 마음을 어루만지는 능력을 가지고 태어납니다. 그 쓰임새는 거창할 필요가 없습니다. 누군가의 하루를 밝히는 말 한마디, 외로운 이에게 건네는 따뜻한 손길, 그것만으로도 우리는 충분히 쓰임을 다하고 있는 것입니다.

처음에는 왜 태어났는지, 어떤 쓰임이 있는지 알지 못했습니다. 하지만 뜻을 품고 걸어가다 보니, 제 상처가 누군가에게 위로가 되고, 제 발걸음이 누군가에게 길이 되었습니다. 그때 깨달았습니다. 저는 이 세상에서 '부처님의 자비를 실천하는 사람'으로 쓰임 받고 있습니다.

은퇴든 퇴사든, 이별이든 상실이든, 모두 정신없이 흐르던 우리에게 삶이 주는 잠깐의 숨 고를 틈입니다. 바로 내 마음을 솔직하게 들여다보게 되는 순간입니다. 그래서 **멈춤은 세상에서 가장 위대한 춤입니다.** 멈춤이 곧 새출발이고, 뜻을 세우고 다시 흘러가는 길을 여는 준비의 시간입니다.

달도 차면 기운다

"스님, 제 인생은 왜 이렇게 오르락내리락할까요? 조금 괜찮아지면 또 힘든 일이 생깁니다. 힘들어서 죽겠다 싶으면, 잠시 숨고를 틈이 생깁니다. 도대체 뭐가 문제인지 모르겠어요. 제 잘못인 것 같기도 하고…."

"당신 잘못이 아닙니다. 달도 차면 기웁니다. 그게 자연의 흐름이고 이치입니다. 인생도 마찬가지입니다."

밤하늘의 달은 늘 고요해 보이지만, 그 속에서는 끊임없는 변화가 일어납니다. 초승달로 시작해 반달이 되고, 마침내 보름달로 가득 차오르지만, 그 절정의 순간조차 오래 머물지 못하고 다시금 서서히 기울어갑니다. 가득 차면 기울고, 이지러지면 다시 차오릅니다.

그래서 달빛은 늘 같으면서도 다릅니다. 그 변화 속에 무상(無常)의 진리가 담겨 있습니다. 우리 인생과 마음도 같습니다. 행복이 길게 머물 것 같다가도 이내 사라지고, 괴로움이 끝없이 이어질 것 같다가도 어느새 사라집니다. 우리의 감정과 생각, 관계와 인연까지 모두 달빛처럼 차고 기우는 흐름 속에 있습니다. 삶은 언제나 오름과 내림, 차오름과 비움의 반복입니다. 그 흐름을 이해하고 받아들이는 순간, 우리는 비로소 삶의 본질에 가까워질 수 있습니다.

불교에서는 항상 "이 세상 모든 것은 변한다. 이 사실을 깨닫는 이야말로 괴로움에서 벗어날 수 있다"고 가르칩니다. 무상을 아는 것은 체념이 아니라 깨어 있음입니다. 변화를 인정하는 것이 곧 지혜입니다. 젊은 시절 저는 변화가 두려웠습니다. 붙잡고 싶은 것도 많았고, 잃기 싫은 것도 많았습니다. 하지만 세월이 흐르며 배웠습니다. 비워야 채움이 가능하다고, 이지러져야 다시 찬다는 것을요.

만일사 시절, 절집을 찾은 한 중년 남자는 템플스테이에 적응하기 힘들어했습니다. 고민이 깊었던지, 이야기 도중 눈물을 흘렸습니다.

"저는 늘 잘살아 보려고 애썼는데…. 이제는 모든 게 힘이 듭니다. 제 인생에 빛이 찬란했던 적은 한 번도 없는 것 같습니다."

삶의 어느 순간, 우리는 성공과 성취의 절정에 오를 수 있습니다. 그 순간은 달콤하고 찬란하며, 마치 모든 것이 내 뜻대로 흘러가는 듯한 착각을 불러일으키기도 합니다. 하지만 바로 그때, 우리는 가장 경계해야 합니다. 절정은 곧 기울기의 시작이기도 하니까요.

"달이 기운다고 하늘이 사라진 게 아닙니다. 당신의 하늘은 여전히 있습니다."

그 후 소식이 끊긴 그에게 짧았던 템플스테이와 제 상담이 얼마나 도움이 됐는지는 모릅니다. 달이 차오를 때는 기쁨을, 기울 때는 감사함을 배우면 됩니다. 우리는 종종 꽉 찬 순간만 바라보지만, 사실 기울어 가는 순간에도 달은 여전히 아름답고 하늘은 광활하다고 덧붙여 봅니다.

달이 가장 밝게 빛나는 순간에도 그 빛은 곧 사라질 준비를 하고 있습니다. 그 모습은 우리에게 말없이 속삭입니다. 지금이 전부인 듯해도, 모든 것은 흐른다고.

달이 기우는 것은 사라지기 위함이 아니라 다시 차오르기 위한 준비입니다. 우리 삶에도 하강의 시기가 찾아옵니다. 일이 뜻대로 풀리지 않거나, 몸과 마음이 지치는 순간들이 있지요. 그럴 때 우리는 흔히 두려움을 느낍니다. 내려가는 길이 끝이 아닐까, 다시 오를 수 있을까 하는 불안이 마음을 채웁니다.

그 흐름을 받아들이고, 하강의 시간을 재도약의 기회로 삼을 수 있어야 합니다. 흐름을 거스르려 하지 말고, 그 흐름 속에서 나를 맡기며 조용히 준비하는 시간으로 받아들이는 것. 그것이야말로 삶을 깊이 이해하는 태도입니다.

달이 가득 차기 전에 스스로 조금씩 비워내는 듯한 모습은 우리에게 중요한 교훈을 줍니다. 욕심껏 채우기만 하면 무너짐도 그만큼 크게 다가옵니다. 삶을 가득 채우는 것보다 적절히 비워내는 것이 더 큰 지혜일 수 있습니다.

비움은 곧 여백이며, 여백은 새로운 것을 담을 공간입니다. 마음속에 여유를 남겨두고, 삶에 틈을 만들어야 그 틈 사이로 빛이 들어올 수 있습니다. 자기 자신을 가볍게 만들고, 불필요한 욕심을 내려놓을 때 우리는 더 멀리 나아갈 수 있습니다.

모든 현상은 인연 따라 일어나고, 인연이 다하면 사라집니다. 이 단순한 진리를 받아들이면, 삶은 잠시 멈추더라도 흐릅니다. 달이 기우는 건 빛을 잃는 게 아니라 다시 빛을 채우는 준비 과정인 것이지요. 그리고 밤이 깊을수록 달빛은 더 또렷해지기 마련입니다.

빛과 어둠, 차오름과 기움, 그 모든 흐름 속에 담긴 달의 진실을 바라보아야 합니다. 지나가는 말보다 그 말이 가리키는 의미를, 겉모습보다 그 안에 담긴 본질을, 현상보다 그 너머의 흐름을 볼 수 있어야 우리는 삶을 더 깊이 이해할 수 있습니다.

항상 그 자리에 있지만, 그 모습은 끊임없이 변하는 달처럼 우리도 변화를 받아들이며 살아가는 존재입니다. 그러니 부디, 지금 이 순간의 흐름을 믿으세요. 그리고 겸손하고 유연하게 또 지혜롭게 당신만의 빛을 품어가시길 바랍니다.

모든 것은 흐른다

무엇이 영원할까요? 누구나 한 번쯤 던져본 질문일 것입니다. 사랑도, 젊음도, 명예도, 심지어 기억조차도 오래가지 않습니다. 모든 것은 흐르고, 모든 것은 사라집니다. 그런데도 우리는 그 변화 속에서 변치 않는 것을 찾으려 애씁니다. 아마 그것이 인간의 본능일지도 모릅니다.

하지만 모든 것은 흐릅니다. 우리가 강가에 서 있다고 상상해 보겠습니다. 발을 담그고 있던 물이 흘러가고, 금세 새로운 물이 그 자리를 채웁니다. 1초 뒤에 다시 발을 담근다고 해도, 그 물은 방금 전의 그 물이 아닙니다. 강은 그대로인 것 같지만, 강물은 단 한 순간도 멈추지 않고 흐릅니다.

고대 그리스 철학자 헤라클레이토스가 본 것은 '변화' 그 자체였습니다. 그는 **"같은 강물에 두 번 발을 담글 수 없다"**고 했습니다. 사실 누구나 쉽게 알 수 있는 진리입니다. 작년에 입던 옷이 작아지고, 어제까지도 몰랐던 것을 오늘 배웁니다. 초등학생 때의 나와 지금의 나는 생각도, 키도 달라졌습니다.

'모든 것은 흐른다'는 삶의 통찰은 동서양의 수많은 현자가 발견한 진리입니다. 그들은 이 흐름을 거부하는 대신, 그 속에서 지혜롭게 살아가는 법을 가르쳐주었습니다. 로마의 황제이자 스토아 철학자였던 마르쿠스 아우렐리우스는 "시간은 마치 끝없이 밀려오는 강물이다. 어떤 것이 시야에 들어오자마자, 그것은 휩쓸려가고 또 다른 것이 따라오는가 하면 그것도 차례로 흘러가고 만다"고 했습니다. 황제라는 거대한 권력 속에서도, 모든 것이 잠시 머물다 사라짐을 알았기에 겸손하고 평온한 마음을 유지하려 애쓴 겁니다. 진화론을 주창한 찰스 다윈도 생물학을 통해 이 '흐름'을 증명했습니다. "살아남는 종은 가장 강한 종이 아니라, 변화에 가장 잘 적응하는 종"이라는 그의 정의는 지금도 유효한 과학적 명제입니다. 강물이 흐르듯 환경은 끊임없이 변합니다. 이 변화에 적응하며 함께 흐르지 못하는 존재는 도태됩니다. 이는 멈춰 있는 것은 죽음이며, 흐르는 것만이 생명이라는 것을 보여줍니다.

꽃은 피었다가 지고, 바람은 불었다가 멈추며, 우리의 마음도 생각도 끝없이 흔들리고 변해갑니다. 이처럼 세상 만물은 고정된 채 멈춰 있는 게 아니라, 끊임없이 새로운 모습으로 태어나고 사라지기를 반복합니다. 이 진리를 받아들이지 않으면, 우리는 늘 무언가를 붙잡으려 애쓰며 괴로움을 키우게 됩니다.

불교에서는 이 '흐름'과 '변화'를 '무상(無常)'이라고 부릅니다. 쉽게 말하면 '영원한 것은 없다'는 뜻으로, 가장 근본적이고 중요한 삶의 통찰 가운데 하나입니다. "모든 형성된 것은 무상하다"는 오랜 지혜인 셈이지요.

우리의 몸, 생각, 감정, 우리가 가진 물건, 심지어 우리가 딛고 서 있는 이 지구조차도 시간이라는 거대한 강물 속에서 끊임없이 변하고 있습니다. 불교는 여기서 한 걸음 더 나아갑니다. 왜 우리는 괴로울까요? 부처님은 '무상'을 받아들이지 못하고, '영원하기'를 바라며 집착하기 때문이라고 말합니다.

무상을 받아들일 때 가장 먼저 달라지는 것은 집착의 무게입니다. 누군가의 말에 상처를 입었을 때, 그 말이 내 안에 오래 머물러 아픔이 되곤 합니다. 하지만 "그래도 괜찮아, 그럴 수도 있지. 그 마음도 그 순간도 흘러가는 중이야" 하고 바라보면 고통은 자리를 비우고 평온이 스며듭니다. 함께한 시간이 소중하고 깊었던 인연과 이별할 때도 마찬가지입니다. 아쉬움과 서운함으로 흔들릴 수 있어도 있을 때 최선을 다하고, 떠날 땐 감사히 보내는 지혜를 배우는 마음의 여유가 생기는 것이지요.

무상을 받아들이면 감정에 흔들려도 쉽게 무너지진 않습

니다. 기쁨이 찾아오면 그것을 음미하며, 슬픔이 다가오면 그것을 있는 그대로 바라볼 수 있는 용기가 나옵니다. 분노가 오더라도 "이 화도 지나가리라", 두려움이 생기더라도 "이 떨림도 곧 흘러가리라" 되뇌이면 마치 마법처럼 마음이 달라집니다. 마음속에 이런 다짐이 자리할 때 우리는 더 이상 감정의 노예가 되지 않고, 스스로의 주인이 될 수 있습니다.

그렇다고 무상이 허무함은 아닙니다. 순환과 흐름이 이치를 말하는 것이지요. 나무는 잎을 떨구어 다시 자라고, 강물은 흘러가며 다시 구름이 됩니다. 우리의 마음도, 관계도, 세상도 그렇게 끊임없이 흐르고 있습니다.

어떤 이는 무상을 가깝거나 소중한 이의 '죽음'과 마주할 때 확연히 느낍니다. 그럴 때면 허무와 무상함을 동시에 체험하기도 합니다. 하지만 이렇게 생각해 보면 어떨까요? 티베트 불교계에서 최초로 금강승 수행을 완성한, 제가 존경하는 페마 쵸드론의 시각은 다릅니다. 페마는 달라이 라마, 틱낫한 스님과 함께 세계에서 가장 영향력 있는 영적 지도자로 꼽히는 정신적 스승입니다. 그녀는 저서 『죽음은 내 인생 최고의 작품』에서 이렇게 말했습니다.

"죽음은 삶의 끝에서 일어나는 특정한 사건이 아니다. 죽음은 삶의 매 순간에 일어나고 있으며, 우리는 태어남과 죽음 그리고 죽음과 태어남이라는 끝없이 이어지는 경이로운 흐름 속에 살고 있다. 한 가지 경험의 끝은 다른 경험의 시작이며, 이 경험이 마지막에 이르면 곧 또 다른 경험이 새롭게 시작된다. 그것은 마치 강이 끊임없이 흐르는 것과 같다."

누구에게나 꼭 한 번 찾아오는 죽음은 두려움과 허망함 자체일 수 있습니다. 하지만 죽음은 삶의 끝에서 일어나는 어떤 특정한 사건이 아니라는 겁니다. 한 번의 호흡에도, 오늘 하루에도, 우리가 맺고 살아가는 인간관계에도 끝이 있듯 흐름 안에 놓인 사건이라는 게 페마의 통찰입니다.

따라서 우리가 지금 사는 방식이 죽는 방식을 결정한다고 강조합니다. 어떻게 사느냐가 어떻게 죽느냐로 이어진다는 것이지요. 죽음의 차이를 만드는 건 결국 '지금 어떻게 살고 있는가?'라는 인생의 태도로 귀결된다는 메시지가 담겼습니다.

마하트마 간디는 암살당할 때 총알을 맞은 직후에 "Hey Ram(오 라마 신이시여)"라고 했답니다. 신을 부르는 힌두교식 기도였는데, 만약 간디가 평소에 신을 부르는 습관이 없었다면 이 말은 그의 마지막 순간에 자연스럽게 나오지 못했을지도 모릅니다

우리는 깜짝 놀라거나 극적인 상황과 마주할 때 평소 입에 달고 사는 말을 내뱉습니다. 짜증 날 때마다 "아, XX"라고 내뱉는 사람이 있지만, 어떤 상황에서도 감사의 말을 하는 사람도

있습니다. 아마도 죽음의 상황과 마주했을 때 욕설이나 하면서 삶을 마무리하고 싶은 사람은 없을 겁니다.

어차피 우리는 언젠가 사라져 버릴, 죽음을 맞이하는 존재들입니다. 존재하는 날들이, 살아가는 날들 그 자체가 이미 기적이자 선물입니다. 그 기적 같은 날들을 죽음을 두려워하면서 사느니 뭔가 더 의미 있게 살아야겠습니다. 그래서 지금, 이 순간 어떻게 사느냐가 화두가 되는 것이지요. 결국 죽음은 내 인생의 최고 작품이 될 수 있다고 페마는 말합니다. 무상의 참뜻이 여기에 있을지도 모르겠습니다.

러시아의 대문호 톨스토이는 평생 세 가지 질문을 화두로 삼았다고 합니다. 가장 중요한 시간은 언제인가? 가장 중요한 일은 누구인가? 가장 중요한 사람은 누구인가? 답을 구하는 과정에서 톨스토이는 삶이라는 흐름 속에서 우리가 붙잡아야 할 유일한 순간을 짚어냈습니다. **"가장 중요한 시간은 '현재'이며, 가장 중요한 일은 '현재 하는 일'이며, 가장 중요한 사람은 '지금 옆에 있는 사람'이다."** 과거는 이미 흘러가 버린 강물이고, 미래는 아직 오지 않은 강물입니다. 우리가 발을 담글 수 있는 유일한 시간은 오직 '지금, 여기'뿐이라는 지혜입니다.

무상을 진심으로 받아들일 때 우리는 지금, 이 순간의 숨결에 집중하게 됩니다. 과거의 후회나 미래의 불안에 휩쓸리지 않고 '지금 여기'의 나를 사랑하게 됩니다. 일상의 풍경은 비로소 달라집니다. 평범한 식사에도 감사가 깃들고, 일상의 대화에도 따뜻한 진심이 스며듭니다. 삶은 조용히 반짝이고, 그 반짝임 속에서 우리는 진짜 나와 마주하게 됩니다.

꽃이 피는 것도 아름답지만, 지는 꽃 또한 진리입니다. 그 시듦이 있어야 다시 피어날 수 있습니다. 저 역시 삶의 여러 시기를 지나며 느꼈습니다. 한때는 모든 것을 이루고 싶었고, 시간을 붙잡을 수 있을 거라 믿었습니다. 하지만 세월은 나의 뜻을 묻지 않고 흘러갔습니다. 그 흘러감이 내게 상처를 남기기도 했지만, 그 상처 덕분에 멈추고 다시 흐르는 법을 배웠습니다.

모든 감정과 상황 역시 흐르고 있습니다. 영원한 것은 없습니다. 시간이라는 거대한 강물의 흐름을 멈추게 하는 게 아니라, 그 흐름 속에서 균형을 잡고 멋지게 헤엄치는 법을 배우는 게 바로 지혜입니다.

무상한 세상의 변화 속에서 집착에 걸리지 않는 자유로운 마음을 갖길 바랍니다. **"그물에 걸리지 않는 바람처럼, 흙탕물에 더럽혀지지 않은 연꽃처럼."**

오늘의 명상

인연

지금 이 순간,
내가 앉아 있는 이 자리에도
수많은 인연이 깃들어 있습니다.

이 방의 공기,
창밖의 바람,
내 몸을 감싸는 옷,
그리고 이 마음까지
모두 인연으로 이루어진 것입니다.

내가 만난 사람들,
스쳐 지나간 눈빛,
한때의 말 한마디,
그 모든 것이
지금의 나를 만들었습니다.

인연은

씨앗처럼 조용히 심어지고,
조건이 갖추어질 때
꽃처럼 피어납니다.

때로는 기쁨으로,
때로는 아픔으로 다가오지만,
그 모두가
나를 닦는 물이 됩니다.

어떤 인연은
잠시 머물다 사라지고,
어떤 인연은
오래도록 마음에 남습니다.

그러나 그 모든 인연은
영원하지 않으며,
변화하고 흘러갑니다.

나는 그 흐름 속에서
집착을 내려놓고,
감사로 바라봅니다.

이 인연이 나에게
무엇을 가르쳐주는지를
조용히 묻습니다.

지금의 나도
누군가에게 인연이 되고 있습니다.

내 말,
내 행동,
내 마음이,
어떤 씨앗을 심고 있는지
깊이 돌아봅니다.

좋은 인연을 짓는다는 것은
자비로운 마음을 내는 것입니다.

상대를 이해하고,
존중하며,
함께 깨어나는 길을 걷는 것입니다.

오늘의 만남,
오늘의 생각,
오늘의 숨결 하나에도
인연의 숨결이 깃들어 있습니다.

나는 그 숨결을 따라
고요히 걸어갑니다.

인연을 맺고,
인연을 배우고,
인연을 놓으며,
다시 나를 만납니다.

오늘의 명상

인과

지금, 편안한 자세로 앉거나 누워 보세요.
눈을 감고, 숨을 깊게 들이쉬고,
천천히 내쉬며, 이 순간에 머무릅니다.

내 안에서 일어나는 생각과 감정을 바라봅니다.
그것은 갑자기 생겨난 것이 아닙니다.
어떤 원인이 있었기에, 지금 이 결과가 나타난 것입니다.

불안이 있다면,
그 불안은 어떤 기억, 기대 혹은 두려움에서
비롯되었을 수 있습니다.
기쁨이 있다면,
그 기쁨 역시 어떤 만남, 이해 혹은 감사에서
비롯되었을 수 있습니다.

나는 그 원인을 억지로 찾으려 하지 않습니다.

그저 바라봅니다.
생각이 떠오르면,
그 생각이 어디서 왔는지 살펴봅니다.
감정이 일어나면,
그 감정이 어떤 조건에서 생겨났는지 느껴봅니다.

모든 것은 인연 따라 일어나고,
인연 따라 사라집니다.
그 흐름을 바라보며,
나는 점점 더 깊은 고요로 들어갑니다.

숨을 들이쉬며,
나는 지금, 이 순간을 받아들입니다.
숨을 내쉬며,
나는 원인과 결과의 흐름 속에서 자유로워집니다.

지금 이대로,
나는 충분히 괜찮습니다.
모든 것은 지나가고,
나는 그 흐름을 지켜보는 존재입니다.

·
그때가 더 좋았다고 하지만
오늘이 더 좋습니다.
당신의 가장 위대한 하루는
지금부터 시작입니다.

- 마가

닫는 글

흐름의 끝에서

"이제 저는 무엇을 향해 나아가야 하겠습니까?"

회향은 끝이 아니라 새로움을 여는 문입니다. 이 책을 덮는 지금, 저는 되묻습니다. BBS 불교방송 〈그래도 괜찮아〉를 회향하고, 인도 성지순례를 다녀왔습니다. 처음 앉은 자리에 습관처럼 그대로 앉은 순례객들을 바라보며 다시 한번 느꼈습니다. '모두 자기 습관대로 사는 모습이 마치 우리의 업(業)과 같구나.' 그 업에서 벗어나는 길을 알려 주려 애쓰던 저의 지난날이 떠올랐습니다. 그런 애씀과 의도는 여태껏 제 안에 숨어 있던 자만과 오만일지도 모르겠습니다. 이 작은 깨달음의 문턱에서 저를 돌아보고 다시 흘러갈 준비를 합니다.

모든 여정에는 끝이 있습니다. 하지만 그 끝은 멈춤이 아니라, 다음 흐름을 위한 작은 문턱입니다. 제가 전하고자 하는 이야기는 무상(無常)입니다. 모든 것은 변하고, 머무르지 않으며, 그 변화 속에서 우리는 삶의 본질을 마주하게 됩니다. 그러나 이 무상은 허무함이 아닙니다. 오히려 비워야 다시 채울 수 있는 가능성, 잃어야 다시 얻을 수 있는 여백 그리고 상처조차도 스승이자 배움이 되는 깊은 통찰을 품고 있습니다.

'法'이란 글자는 물[氵]이 위에서 아래로 흘러가는[去] 법칙이 있다는 뜻입니다. 위에서 아래로 흐르는 물은 어딘가에서 막혀도 다시 아래로 흐르는 길을 만들어 냅니다. 살면 살아지고, 모든 삶은 흐릅니다. 그게 법(法)입니다. 시절인연이 닿아 출가 수행자로 흘러온 지 40년이 됐습니다. 지난날을 돌아보되, 멈추지 않고 다음 장으로 흘러가려고 합니다. 안양교도소와 마음충전센터, 자비나눔 공양 등 인연 닿는 모든 법석에서 지혜와 자비로 마음의 감옥을 벗어나는 길을 밝혀나가려고 합니다.

그 흐름의 길에 '우리 시대의 가장 존경받는 대강백' 여천무비 스님께서 방향을 밝혀 주셨습니다. 스승은 네 글자를 막힘없이 적으셨습니다. 도시통류(道是通流). 『육조단경』에 나오는 육조 혜능 스님의 가르침 네 글자를 불초 제자에게 주셨습니다. 절집은 물론 부엌이나 시장 골목에서도 바람처럼 숨 쉬듯 흘러가며 지혜와 자비를 전하라는 뜻이었습니다. 출가 40년 이후 펼쳐질 제자의 길을 밝히는 등불 같은 가르침이었습니다.

삶과 수행은 멈추지 않으며, 지혜와 자비는 흐름 속에서 자라납니다. 그리고 저는 이 흐름 속에서 한 가지 진리를 되새깁니다. 비우면 채워집니다. 마음을 비우면, 그 자리에 자비가 들어오고, 욕심을 내려놓으면, 그 자리에 평화가 깃듭니다. "우보익생만허공 중생수기득이익(雨寶益生滿虛空 衆生隨器得利益)." 「법성게」의 한 구절처럼 보배로운 법의 비는 허공에 가득하지만,

우리는 각자의 그릇만큼 이익을 얻습니다. 마음을 비우고, 그릇을 넓히면 비는 더욱 깊이 스며들기 마련입니다. 집착 없이 살아가되, 그 비움 속에서 더욱 깊은 사랑과 실천의 마음을 내는 것. 이것이야말로 흐름 속에서 깨어 있는 삶이며, 공양과 회향의 본질이겠습니다.

오늘의 저를 있게 해주신 모든 존재에 감사한 마음으로 이 책을 공양합니다. 저를 일깨워 주신 스승님, 함께 걸어주신 도반들, 고비마다 저를 흔들고 다시 일으켜주신 수많은 인연…. 그 모든 존재가 이 책의 문장 속에 깃들어 있습니다. 특히 자비명상 회장 혜진 스님을 비롯한 스님들, 자비나눔 공양 회원님들 그리고 굴암사 주지 해성 스님과 등명 스님께 깊은 감사의 마음을 전합니다.

잠시 멈춰 서서 자신의 흐름을 바라보시고, 마음을 들여다보시며, 자신의 길을 다시 찾으실 수 있다면 이 책의 진정한 회향이라 생각합니다. 이 책과 인연이 닿은 여러분의 삶에 지혜와 자비, 평화가 흐르기를 진심으로 바랍니다.

2025년 12월
나무 보현보살 마하살

부록

참회·감사·사랑 일기

"참회·감사·사랑 일기"는 하루를 돌아보며 마음을 정화하고, 자신과 세상에 대한 태도를 바꾸는 강력한 내면 수행입니다.
아래는 이 세 가지 주제를 중심으로 일기를 쓰는 구체적인 가이드입니다. 하루 5분이면 충분해요.

참회·감사·사랑 일기 작성 가이드

참회 일기 : 나의 어두운 마음을 바라보는 용기

- **목적**
후회, 실수, 상처를 정직하게 마주하고, 용서와 치유의 문을 여는 시간
- **작성법**
  - 오늘 내가 후회하는 말이나 행동은 무엇인가요?
  - 내가 상처 준 사람이나 외면한 순간이 있었나요?
  - 나 자신에게 미안했던 순간은 언제였나요?
  - 그때의 감정을 솔직하게 적어보세요.
  - 마지막엔 "나는 나를 용서합니다" 또는 "그들을 용서합니다"로 마무리해 보세요.
- **예시**
  - 오늘 친구의 말을 무시하고 내 이야기만 했습니다.

- 그 순간 친구의 표정이 어두워졌는데, 나는 외면했습니다.
- 그 마음을 이제야 느낍니다. 미안합니다. 용서해 주세요.

감사 일기 : 소소한 순간에 깃든 기적 발견하기

- **목적**
하루의 작은 기쁨과 선물에 감사하며 긍정 에너지 채우기
- **작성법**
  - 오늘 고마웠던 사람, 상황, 물건을 떠올려 보세요.
  - "~ 해서 고마웠다"처럼 구체적으로 적어 보세요.
  - 감정까지 함께 적으면 더 깊은 울림이 생깁니다.
  - 하루에 3가지 이상 적는 것을 추천해요.
- **예시**
  - 아침에 엄마가 따뜻한 국을 끓여주셔서 고마웠다.
  - 출근길에 맑은 하늘을 보며 마음이 환해져서 고마웠다.
  - 나를 기다려준 친구의 문자에 위로받아 고마웠다.

사랑 일기 : 나와 세상을 향한 따뜻한 시선

- **목적**
자신과 타인을 있는 그대로 사랑하며 연결감을 회복하기
- **작성법**
  - 오늘 사랑을 느낀 순간은 언제였나요?

- 나 자신을 사랑한 행동이나 생각이 있었나요?
- 타인을 향한 따뜻한 마음을 적어보세요.
- "나는 ~을 사랑합니다" 문장으로 마무리해 보세요.

- **예시**
- 오늘 힘든 하루를 견뎌낸 나를 사랑합니다.
- 친구의 진심 어린 조언을 들으며 그를 사랑합니다.
- 저녁노을을 바라보며 세상을 사랑합니다.

마무리 명상 문구(선택)
- 오늘도 나를 돌아볼 수 있어 감사합니다.
- 나의 어둠을 인정하고, 빛으로 바꾸는 용기를 사랑합니다.
- 내일은 더 따뜻한 내가 되기를 바랍니다.
- 살아 있는 모든 존재들이 고통에서 벗어나 행복하기를 바랍니다.

이 일기는 단순한 기록이 아니라, 내면을 정화하고
삶을 변화시키는 도구입니다.

Tip

항목	추천 방법
시간	하루 중 가장 조용한 시간(아침 명상 후 혹은 자기 전)
도구	좋아하는 노트와 펜 혹은 디지털 앱
형식	자유롭게 쓰되, 3가지 주제를 구분해서 작성
습관화	하루 한 줄부터 시작하되, 일관성이 중요

부록

108 마음약방 + 미고사 세트

108 마음약방 + 미고사 세트 사용 설명서

마음이 복잡할 때 시작하세요.
- 답답함, 불안, 결정 장애 등으로 마음이 흔들릴 때 사용합니다.
- 조용한 공간에서 잠시 눈을 감고, 1부터 108까지 숫자를 떠올려 보세요.

직관적으로 숫자를 선택하세요.
- 특별한 이유 없이 끌리는 숫자 하나를 선택합니다.
- 이 숫자는 지금 당신의 마음 상태를 반영하는 '마음의 키워드'입니다.

해당 번호의 단어와 처방을 확인하세요.
- 각 숫자에는 하나의 단어(마음 상태)와 간단한 처방과 명상, 솔루션이 연결돼 있습니다.

● 예시
1번 : 숨
처방 : 지금 호흡에 집중하기
명상 : 숨은 생명의 증거입니다. 숨 쉬는 지금이 가장 소중한 시간입니다.
솔루션 : 눈 감고 1분간 복식 호흡하기

그 단어를 화두처럼 숙고하세요.
- 하루 동안 그 단어와 처방을 마음속에서 되새기며 살아보세요.
- 일기처럼 기록하거나, 명상 중에 떠올려도 좋습니다.

해답은 당신 안에 있습니다.
- 이 과정은 외부의 정답을 찾는 것이 아니라,
  내면의 지혜를 깨우는 여정입니다.
- 마음약방은 당신이 이미 알고 있는 답을 꺼내주는 도구일 뿐입니다.

**자기의 마음에 약을 처방한 뒤 미고사로
하루를 마감합니다.**
- 하루 중 미안하고 고마운 일, 사랑의 순간을 적거나 말로
  조용히 읊조립니다.
- 마음약방의 처방과 명상 그리고 솔루션을 진행한 뒤
  미고사를 활용하면 더 좋습니다.
- 미고사만 잘 지켜도 멈춘 삶을 다시 흐르게 하는 훌륭한 처방이 됩니다.

108 마음약방 워크숍 아이디어

108 마음카드 뽑기 & 나눔
- 참가자들이 눈을 감고 숫자를 선택하거나 마음카드를 직접 뽑습니다.
- 각자 받은 키워드와 처방을 조용히 읽고,
  짧은 글이나 그림으로 표현합니다.
- 소그룹에서 서로의 키워드를 나누며 공감과 위로를 나눕니다.

마음약국 부스 운영
- 행사장에 '마음약국' 부스를 설치해 증상별 마음약을 나눠줍니다.
- 예: 걱정이 많은 사람에게는 '놓아줌' 처방
  자신감이 부족한 사람에게는 '용기' 처방
- 약은 작은 쪽지, 향기 나는 티백, 캔디 등으로 포장해
  감성적으로 전달합니다.

마음문진표 & 처방전 쓰기
- 참가자들이 간단한 마음 체크 리스트를 작성합니다.
- 그 결과에 따라 마음약방 키워드를 추천하거나,
  직접 처방전을 써줍니다.
- 또래 상담자나 진행자가 따뜻한 메시지를 함께 적어줍니다.

마음약방 명상 시간
- 선택한 키워드를 중심으로 짧은 명상이나 호흡 시간을 갖습니다.

- 예: '멈춤'을 선택한 참가자에게는 '멈추고 바라보기' 명상 안내
- 명상 후 느낀 점을 나누며 자기 인식의 깊이를 더합니다.

마음약방 캘리그라피 & 아트워크
- 각자의 키워드를 예쁜 글씨로 써보거나, 그림으로 표현합니다.
- 완성된 작품은 전시하거나, 서로 교환하며 마음을 나눕니다.

마음약방 편지쓰기
- 자신의 키워드에 따라 '미래의 나에게',
 '지금 힘든 친구에게' 편지를 씁니다.
- 감정을 정리하고, 위로와 다짐을 담아보는 시간입니다.

번호	화두	처방	명상	솔루션	미고사
1	숨	지금 호흡에 집중하기	숨은 생명의 증거입니다. 숨 쉬는 지금이 가장 소중한 시간입니다.	눈 감고 1분 복식 호흡	미안해요 : 내 마음을 외면했어요 고마워요 : 숨을 지켜 준 몸 사랑해요 : 있는 그대로의 나
2	감정	감정에 이름 붙이기	감정은 억누르면 커지고, 바라보면 흘러갑니다.	"나는 지금 ○○하다" 적기	미안해요 : 감정을 붙잡았어요 고마워요 : 인내의 시간 사랑해요 : 내 감정 모두
3	한 걸음	일을 작게 나누기	작은 걸음이 큰길을 냅니다. 걸음마다 나의 길이 새로워집니다.	오늘 할 일 3단계로 나누기	미안해요 : 나를 돌보지 않았어요 고마워요 : 믿어준 친구 사랑해요 : 오늘의 나
4	위로	"괜찮아"라고 말하기	가장 먼저 위로받아야 할 이는 나입니다. 내 안에 속삭여 주세요, 괜찮다고.	거울 앞에서 따뜻한 말 건네기	미안해요 : 실수를 숨겼어요 고마워요 : 기다려 준 시간 사랑해요 : 실수한 나도
5	과정	결과보다 과정을 보기	목적보다 걷는 방식이 중요합니다. 과정은 나를 키웁니다.	오늘 내가 잘한 과정 적기	미안해요 : 몸을 무리했어요 고마워요 : 지켜 준 호흡 사랑해요 : 내 몸 하나하나
6	장점	나의 강점 떠올리기	내 안에는 빛나는 보석이 있습니다. 그 빛을 바라보는 순간 힘이 납니다.	장점 3개 적기	미안해요 : 단점만 보았어요 고마워요 : 내 가능성 사랑해요 : 있는 그대로의 나
7	칭찬	하루 한 번 칭찬하기	칭찬은 타인뿐 아니라 나를 춤추게 합니다. 따뜻한 말은 세상을 환히 밝힙니다.	주변 사람에게 칭찬하기	미안해요 : 비난을 먼저 했어요 고마워요 : 격려의 말 사랑해요 : 따뜻한 나
8	존재	지금의 나를 받아들이기	있는 그대로의 내가 이미 소중합니다. 나는 지금, 이 순간 살아 있습니다.	거울 보며 "나는 괜찮다" 말하기	미안해요 : 비교했어요 고마워요 : 지금의 나 사랑해요 : 있는 그대로의 나

9	웃음	웃으며 하루 시작하기	웃음은 마음의 햇살입니다. 내가 웃을 때 세상도 웃습니다.	아침에 거울 보고 웃기	미안해요 고마워요 사랑해요	: 인상 쓰며 살았어요 : 웃음을 준 순간 : 웃는 내 모습
10	공감	마음을 들어주기	경청은 사랑의 다른 이름입니다. 마음을 들어줄 때 관계가 살아납니다.	대화 중 끼어들지 않고 듣기	미안해요 고마워요 사랑해요	: 귀 기울이지 않았어요 : 들어준 순간 : 경청하는 나
11	자기 수용	있는 그대로 받아들이기	완벽하지 않아도 괜찮습니다. 부족함까지 품을 때 사랑이 됩니다.	실수 적고 용서하기	미안해요 고마워요 사랑해요	: 나를 다그쳤어요 : 실수 속 배움 : 불완전한 나
12	말	말의 힘 기억하기	말 한마디가 상처도, 위로도 됩니다. 말은 마음을 담는 그릇입니다.	좋은 말 3개 적기	미안해요 고마워요 사랑해요	: 상처 주는 말 했어요 : 격려의 말 : 따뜻한 말을 하는 나
13	행복	스스로 행복 만들기	행복은 밖에 있지 않습니다. 작은 순간 속에 있습니다.	행복한 순간 기록하기	미안해요 고마워요 사랑해요	: 행복을 미뤘어요 : 웃음을 준 오늘 : 지금의 나
14	친절	친절 실천하기	친절은 씨앗이 되어 다시 돌아옵니다. 작은 친절이 큰 울림을 만듭니다.	양보하기 미소 짓기	미안해요 고마워요 사랑해요	: 무심히 지났어요 : 받은 친절 : 친절 베푸는 나
15	용서	용서 연습하기	용서는 상대가 아니라 나를 자유롭게 합니다. 용서의 순간, 내 마음이 편안해집니다.	용서할 이름 적기	미안해요 고마워요 사랑해요	: 원망을 품었어요 : 용서할 수 있는 마음 : 자유로운 나
16	내려 놓음	걱정 비우기	내려놓음은 비움이고, 비움은 새로움의 시작입니다.	걱정을 적어 버리기	미안해요 고마워요 사랑해요	: 불안만 붙잡았어요 : 놓을 용기 : 비워진 마음
17	차분함	흔들릴 때 멈추기	멈춤은 마음의 쉼표입니다. 차분한 마음에서 길이 보입니다.	화날 때 심호흡 3번	미안해요 고마워요 사랑해요	: 쉽게 흔들렸어요 : 멈춤의 순간 : 차분한 나

18	시선	관점 바꾸기	시선을 바꾸면 풍경이 달라집니다. 마음을 바꾸면 세상이 달라집니다.	오늘 일을 다른 시선으로 보기	미안해요 : 한쪽만 봤어요 고마워요 : 시야를 넓혀 준 경험 사랑해요 : 열린 나
19	감사	감사 기록하기	감사는 행복의 씨앗입니다. 감사할수록 마음이 풍성해집니다.	감사 일기 쓰기	미안해요 : 당연함에 무심했어요 고마워요 : 나를 지켜 준 하루 사랑해요 : 감사하는 나
20	경청	귀 기울이기	듣는 순간, 마음은 연결됩니다. 경청은 사랑의 첫걸음입니다.	대화 중 끼어들지 않기	미안해요 : 상대 말을 끊었어요 고마워요 : 들어준 순간 사랑해요 : 귀 기울이는 나
21	수용	불편한 감정 받아들이기	억누르면 커지고, 수용하면 흘러갑니다.	"나는 지금 ○○하다" 적기	미안해요 : 감정을 무시했어요 고마워요 : 깨닫게 해 준 오늘 사랑해요 : 내 감정 모두
22	관계	따뜻한 말 전하기	존중과 사랑은 관계를 살립니다. 말 한마디가 인연을 이어줍니다.	가족·친구에게 고마움 표현	미안해요 : 무심히 대했어요 고마워요 : 함께한 사람들 사랑해요 : 내 곁의 인연
23	멈춤	잠시 멈추기	멈춤은 게으름이 아니라 지혜입니다. 멈출 때 보이지 않던 길이 보입니다.	5분간 조용히 멈추기	미안해요 : 바쁘게만 살았어요 고마워요 : 멈춤의 순간 사랑해요 : 쉬어가는 나
24	배려	작은 배려 실천하기	보이지 않는 선물, 작은 배려가 하루를 바꿉니다.	양보하기	미안해요 : 내 일만 챙겼어요 고마워요 : 배려의 순간 사랑해요 : 배려하는 나
25	희망	희망 기록하기	희망은 어둠 속 빛입니다. 희망은 나를 다시 일으킵니다.	오늘 희망 기록	미안해요 : 포기하려 했어요 고마워요 : 희망의 오늘 사랑해요 : 희망을 품은 나
26	평화	내 마음의 평화	평화는 멀리 있지 않습니다. 내 안에서 이미 시작됐습니다.	잠들기 전 5분 호흡	미안해요 : 불안했어요 고마워요 : 평화의 순간 사랑해요 : 평화를 선택한 나

27	성장	오늘 배운 점 찾기	삶은 배움의 연속입니다. 작은 깨달음이 큰 성장을 만듭니다.	오늘 배운 것 기록	미안해요 : 배움을 외면했어요 고마워요 : 성장의 경험 사랑해요 : 배우는 나
28	선택	선택 의식하기	선택이 나를 만듭니다. 작은 선택이 큰 인생을 빚습니다.	오늘 잘한 선택 기록	미안해요 : 충동적이었어요 고마워요 : 현명한 오늘 사랑해요 : 신중한 나
29	선행	선행 실천하기	선행은 세상을 따뜻하게 합니다. 내 작은 행동이 누군가의 웃음이 됩니다.	친절 베풀기	미안해요 : 무심히 지났어요 고마워요 : 받은 도움 사랑해요 : 선행을 택한 나
30	경이	새로움 발견하기	세상은 늘 새롭습니다. 열린 눈으로 보면 놀라움이 가득합니다.	오늘 새로웠던 순간 기록	미안해요 : 새로움을 놓쳤어요 고마워요 : 놀라움을 준 오늘 사랑해요 : 경이로운 나
31	자존감	존중하는 말 하기	자존감은 존중에서 시작됩니다. 존중받는 나는 이미 소중합니다.	거울 보며 "잘했어" 말하기	미안해요 : 나를 낮췄어요 고마워요 : 성취의 순간 사랑해요 : 존중받아야 할 나
32	여유	잠시 쉬어가기	여유는 마음의 창입니다. 숨 쉴 틈이 있어야 삶이 넉넉합니다.	5분 쉬기	미안해요 : 바쁘게만 살았어요 고마워요 : 여유의 시간 사랑해요 : 쉬는 나
33	수평선	멀리 바라보기	눈앞만 보지 말고 멀리 보세요. 큰 시야는 마음을 넓힙니다.	하늘 바라보기	미안해요 : 작은 일에 매달렸어요 고마워요 : 넓은 세상 사랑해요 : 크게 보는 나
34	신뢰	자신을 믿기	나를 믿는 순간 길이 열립니다. 신뢰는 용기를 낳습니다.	신뢰하며 결정 기록	미안해요 : 나를 의심했어요 고마워요 : 신뢰를 회복한 오늘 사랑해요 : 믿을 만한 나
35	회복	회복 연습하기	상처는 회복을 통해 성장합니다. 회복은 다시 일어설 힘입니다.	나를 돌보는 행동하기	미안해요 : 상처를 외면했어요 고마워요 : 치유의 오늘 사랑해요 : 회복하는 나

36	마음 챙김	지금 순간 집중하기	과거와 미래가 아닌 지금이 삶입니다. 지금, 이 순간에 깨어 있으세요.	식사할 때 천천히 음미하기	미안해요 : 현재를 놓쳤어요 고마워요 : 지금을 준 오늘 사랑해요 : 지금을 사는 나
37	미소	웃음 짓기	내가 웃으면 세상도 웃습니다. 미소는 가장 값진 선물입니다.	거울 보며 웃기	미안해요 : 찡그렸어요 고마워요 : 웃음을 준 오늘 사랑해요 : 웃는 나
38	침묵	말 줄이기	침묵은 지혜의 시작입니다. 고요 속에서 마음이 맑아집니다.	하루 5분 침묵하기	미안해요 : 불필요한 말을 했어요 고마워요 : 고요한 순간 사랑해요 : 침묵을 아는 나
39	감사 표현	고마움 전하기	감사는 말할 때 힘을 갖습니다. 고마움은 마음을 잇는 다리입니다.	감사 인사 전하기	미안해요 : 고마움을 아꼈어요 고마워요 : 도와준 사람들 사랑해요 : 감사하는 나
40	솔직함	마음 인정하기	힘들면 힘들다 말해도 괜찮습니다. 솔직함은 관계를 깊게 합니다.	믿을 만한 사람에게 털어놓기	미안해요 : 감정을 억눌렀어요 고마워요 : 들어준 사람 사랑해요 : 솔직한 나
41	호흡	분노 다스리기	숨을 알아차리는 순간, 분노는 사라집니다. 호흡은 평화의 길입니다.	화날 때 심호흡 3번	미안해요 : 화를 참지 못했어요 고마워요 : 숨을 준 오늘 사랑해요 : 호흡하는 나
42	빛	밝음 들이마시기	들숨에 빛을 마시고, 날숨에 근심을 놓으세요. 빛은 언제나 내 곁에 있습니다.	아침에 빛 더올리며 호흡	미안해요 : 어둠만 붙잡았어요 고마워요 : 밝음을 준 오늘 사랑해요 : 빛나는 나
43	주인	마음의 주인 되기	나는 감정의 손님이 아니라 주인입니다. 마음을 다스리는 이는 나 자신입니다.	감정 올라올 때 "나는 주인이다" 말하기	미안해요 : 감정에 끌려갔어요 고마워요 : 깨닫게 해 준 오늘 사랑해요 : 주인인 나
44	현재	지금에 머물기	과거와 미래는 환상입니다. 지금에 깨어 있을 때 자유롭습니다.	10분간 휴대폰 내려놓기	미안해요 : 현재를 놓쳤어요 고마워요 : 지금을 살게 한 오늘 사랑해요 : 지금의 나

45	관찰	판단 없이 보기	세상을 있는 그대로 볼 때 마음이 편안합니다. 보는 만큼 마음이 자랍니다.	1분간 풍경 바라보기	미안해요 : 쉽게 단정했어요 고마워요 : 그대로의 세상 사랑해요 : 열린 눈의 나
46	지혜	문제와 마주하기	문제는 풀라고 있는 것입니다. 마주하면 작아지고 지혜가 자랍니다.	문제와 해결책 3개씩 적기	미안해요 : 문제를 피했어요 고마워요 : 지혜의 경험 사랑해요 : 문제를 푸는 나
47	첫 생각	하루의 첫 마음	첫 마음이 그날을 빚습니다. 깨끗한 생각으로 시작하세요.	아침 첫 생각 기록	미안해요 : 부정적으로 시작했어요 고마워요 : 새 마음의 오늘 사랑해요 : 새롭게 시작하는 나
48	밝음	마음을 환히	내 마음이 밝아지면 세상도 밝아집니다. 밝음은 언제나 선택할 수 있습니다.	밝은색 옷 입기	미안해요 : 어둡게 생각했어요 고마워요 : 빛의 오늘 사랑해요 : 환한 나
49	걱정	걱정 내려놓기	걱정은 미래를 바꾸지 못합니다. 지금 할 수 있는 것에 집중하세요.	걱정 적고 구겨 버리기	미안해요 : 걱정에 집착했어요 고마워요 : 희망의 오늘 사랑해요 : 용기를 내는 나
50	작은 걸음	작은 실천하기	작은 걸음이 큰 변화를 만듭니다. 오늘 한 걸음이면 충분합니다.	좋은 일 1가지 실행	미안해요 : 미뤘어요 고마워요 : 시작할 용기 사랑해요 : 내딛는 나
51	배움	오늘의 배움	삶은 하루하루가 학교입니다. 배움이 지혜로 자랍니다.	오늘 배운 것 적기	미안해요 : 배우려 하지 않았어요 고마워요 : 가르침의 오늘 사랑해요 : 배우는 나
52	용기	두려움 대신 용기	두려움은 나를 묶고, 용기는 나를 풀어 줍니다.	미뤘던 일 시도하기	미안해요 : 물러섰어요 고마워요 : 용기를 준 오늘 사랑해요 : 용감한 나
53	희망의 불	희망 붙들기	희망은 어둠 속 등불입니다. 희망은 길을 밝혀 줍니다.	희망 문장 적기	미안해요 : 희망을 잃었어요 고마워요 : 희망의 불씨 사랑해요 : 희망을 품은 나

54	즐거움	소소한 즐거움 찾기	즐거움은 마음의 영양제입니다. 작은 즐거움이 큰 힘을 줍니다.	즐거운 순간 기록	미안해요 : 즐거움을 놓쳤어요 고마워요 : 웃음을 준 순간 사랑해요 : 즐거운 나
55	따뜻함	따뜻한 말 하기	따뜻한 말이 얼음을 녹입니다. 한마디 말이 마음을 감쌉니다.	따뜻한 메시지 보내기	미안해요 : 차갑게 했어요 고마워요 : 따뜻함의 순간 사랑해요 : 따뜻한 나
56	겸손	겸손 배우기	겸손은 나를 낮추는 게 아니라, 모두와 함께하는 길입니다.	오늘 배운 것 기록	미안해요 : 잘난 체 했어요 고마워요 : 겸손의 순간 사랑해요 : 겸손한 나
57	믿음	자신을 믿기	믿음은 두려움을 이기는 힘입니다. 믿음은 나를 지탱하는 뿌리입니다.	오늘 믿은 일 기록	미안해요 : 나를 의심했어요 고마워요 : 믿음을 준 오늘 사랑해요 : 믿을 수 있는 나
58	진실	진실하게 살기	진실은 흔들리지 않는 기둥입니다. 진실은 나를 자유롭게 합니다.	오늘 진실한 행동 기록	미안해요 : 거짓을 말했어요 고마워요 : 진실의 순간 사랑해요 : 진실한 나
59	격려	누군가를 격려하기	격려는 희망의 씨앗입니다. 한마디 말이 길을 열어줍니다.	응원 메시지 보내기	미안해요 : 무심했어요 고마워요 : 격려받은 기억 사랑해요 : 격려하는 나
60	신선함	새로움 맞이하기	새로움은 마음을 깨웁니다. 새로움은 삶의 향기입니다.	새로운 음식 맛보기	미안해요 : 익숙함만 고집했어요 고마워요 : 신선한 경험 사랑해요 : 새로움을 즐기는 나
61	포용	포용의 마음 내기	포용은 사랑의 확장입니다. 품을수록 내 마음이 커집니다.	다른 사람 품어주기	미안해요 : 배척했어요 고마워요 : 포용의 순간 사랑해요 : 포용하는 나
62	감사의 눈	사소한 것에 감사하기	감사는 작은 것에서 시작됩니다. 감사할수록 행복이 자랍니다.	작은 감사 3개 기록	미안해요 : 당연히 여겼어요 고마워요 : 감사의 순간 사랑해요 : 감사하는 나

63	평온	평온 지키기	평온은 내 마음의 꽃입니다. 흔들려도 다시 고요히 섭니다.	저녁에 호흡하며 휴식	미안해요 : 흔들렸어요 고마워요 : 평온의 순간 사랑해요 : 평온한 나
64	진심	진심 전하기	진심은 벽을 허뭅니다. 진심은 언제나 통합니다.	진심 어린 메시지 쓰기	미안해요 : 진심을 숨겼어요 고마워요 : 진심을 받은 순간 사랑해요 : 진심을 주는 나
65	고요	고요 즐기기	고요는 마음의 힘입니다. 고요는 지혜의 자리입니다.	10분간 조용히 앉기	미안해요 : 소음 속에 살았어요 고마워요 : 고요의 시간 사랑해요 : 고요한 나
66	선물	작은 선물 하기	선물은 마음을 전하는 다리입니다. 선물은 사랑의 표현입니다.	작은 선물 준비	미안해요 : 마음을 전하지 않았어요 고마워요 : 선물 받은 기억 사랑해요 : 선물하는 나
67	웃음 소리	웃음 나누기	웃음소리는 행복의 울림입니다. 웃음은 모두를 이어줍니다.	농담 나누기	미안해요 : 웃음을 잊었어요 고마워요 : 웃게 한 순간 사랑해요 : 웃음을 주는 나
68	희망 메시지	희망 전하기	희망의 말은 어둠 속 등불입니다. 희망은 나눌수록 커집니다.	희망 메시지 보내기	미안해요 : 희망을 숨겼어요 고마워요 : 희망의 순간 사랑해요 : 희망 전하는 나
69	배움의 길	배우기	배움은 끝이 없습니다. 배움은 나를 겸손하게 합니다.	오늘 배운 것 기록	미안해요 : 배우려 하지 않았어요 고마워요 : 배움의 오늘 사랑해요 : 배우는 나
70	좋은 습관	좋은 습관 만들기	습관은 내 삶을 빚습니다. 좋은 습관은 나를 지켜줍니다.	좋은 습관 하나 실천	미안해요 : 나쁜 습관 고마워요 : 좋은 습관 사랑해요 : 변화하는 나
71	작은 행복	소소한 행복 찾기	행복은 거창하지 않습니다. 작은 행복이 큰 힘을 줍니다.	행복한 순간 기록	미안해요 : 행복을 외면했어요 고마워요 : 작은 행복 사랑해요 : 행복한 나

72	격려의 말	격려 전하기	격려는 마음의 비타민입니다. 격려는 희망을 키웁니다.	격려의 말 전하기	미안해요 : 무심했어요 고마워요 : 격려의 순간 사랑해요 : 격려하는 나
73	희망의 씨앗	희망 심기	희망은 작은 씨앗에서 자랍니다. 씨앗은 자라서 나를 지켜줍니다.	희망 문장 쓰기	미안해요 : 희망을 버렸어요 고마워요 : 희망의 오늘 사랑해요 : 희망 심는 나
74	고마움	감사 표현하기	감사는 마음을 따뜻하게 합니다. 감사는 사랑의 문입니다.	감사 메시지 보내기	미안해요 : 감사하지 않았어요 고마워요 : 고마운 순간 사랑해요 : 감사하는 나
75	밝은 마음	밝음 유지하기	밝은 마음은 가벼움을 줍니다. 밝음은 나를 빛나게 합니다.	긍정적 말 3개 하기	미안해요 : 감사하지 않았어요 고마워요 : 고마운 순간 사랑해요 : 감사하는 나
76	희망의 길	희망 바라보기	희망은 길을 밝힙니다. 희망은 내 발걸음을 이끕니다.	희망 글귀 읽기	미안해요 : 희망을 잊었어요 고마워요 : 희망의 오늘 사랑해요 : 희망 품은 나
77	친절한 하루	친절 베풀기	친절은 하루를 따뜻하게 합니다. 친절은 나를 행복하게 합니다.	친절 행동 하기	미안해요 : 차갑게 굴었어요 고마워요 : 친절의 순간 사랑해요 : 친절한 나
78	평화 기원	평화 바라기	내 마음이 평화로울 때 세상도 평화롭습니다. 평화는 나로부터 시작됩니다.	평화 기도하기	미안해요 : 세상을 원망했어요 고마워요 : 평화의 순간 사랑해요 : 평화를 바라는 나
79	지혜의 눈	지혜 배우기	지혜는 고통 속에서도 빛납니다. 지혜는 길을 보여줍니다.	오늘 배운 점 기록	미안해요 : 지혜를 외면했어요 고마워요 : 지혜의 경험 사랑해요 : 지혜를 얻는 나
80	용서의 길	용서 연습하기	용서는 치유의 약입니다. 용서는 마음을 자유롭게 합니다.	미운 사람 행복 빌기	미안해요 : 원망했어요 고마워요 : 용서의 순간 사랑해요 : 놓아주는 나

번호	주제	실천	문구	기록	미안해요 / 고마워요 / 사랑해요
81	긍정의 대답	긍정 선택하기	긍정은 길을 열어줍니다. 긍정은 나를 가볍게 합니다.	긍정 대답하기	미안해요 : 거절이 먼저였어요 고마워요 : 긍정의 순간 사랑해요 : 긍정을 택한 나
82	기쁨 지키기	기쁨 간직하기	기쁨은 마음을 환하게 합니다. 기쁨은 내 삶의 힘입니다.	오늘 기쁜 일 기록	미안해요 : 기쁨을 놓쳤어요 고마워요 : 기쁨의 순간 사랑해요 : 기뻐하는 나
83	감사의 삶	감사로 마무리하기	감사하며 살아가는 것이 행복입니다. 감사는 내 삶의 꽃입니다.	감사 행동 한 가지 하기	미안해요 : 고마움을 잊었어요 고마워요 : 오늘의 인연 사랑해요 : 감사하는 나
84	변화	작은 변화 시도하기	변화는 작은 용기에서 시작됩니다. 한 걸음 내딛는 순간, 새 길이 열립니다.	다른 방식으로 한 가지 해보기	미안해요 : 익숙함에 안주했어요 고마워요 : 변화를 준 오늘 사랑해요 : 변화를 택한 나
85	열린 마음	다름 받아들이기	다름을 인정할 때 관계가 넓어집니다. 차이는 갈등이 아니라 배움의 길입니다.	다른 의견 경청하기	미안해요 : 다름을 거부했어요 고마워요 : 다양성을 준 오늘 사랑해요 : 열린 나
86	솔직한 말	진심 털어놓기	솔직한 말은 관계를 깊게 합니다. 진심은 언제나 통합니다.	마음속 이야기 나누기	미안해요 : 숨겼어요 고마워요 : 솔직한 순간 사랑해요 : 용기 낸 나
87	즐거운 일	오늘 즐거움 찾기	즐거움은 마음의 노래입니다. 즐거움은 매일의 선물입니다.	즐거운 순간 적기	미안해요 : 즐거움을 외면했어요 고마워요 : 즐거운 오늘 사랑해요 : 즐거운 나
88	따뜻한 손길	손길 나누기	따뜻한 손길은 마음을 녹입니다. 손을 잡는 순간, 외로움은 사라집니다.	가까운 이 손잡아주기	미안해요 : 무심히 지나쳤어요 고마워요 : 손 내밀어 준 순간 사랑해요 : 따뜻한 손길의 나
89	배움의 자세	겸허히 배우기	배우려는 자세가 지혜의 뿌리입니다. 겸허할 때 깨달음이 옵니다.	오늘 배움 한 가지 기록	미안해요 : 배움을 거부했어요 고마워요 : 배움의 오늘 사랑해요 : 배우는 나

번호	주제	부제	본문	실천	미안해요 / 고마워요 / 사랑해요
90	신뢰의 눈빛	믿음을 담기	눈빛 속 신뢰는 마음을 잇습니다. 믿음은 두려움을 녹입니다.	눈 마주치며 미소 짓기	미안해요 : 의심의 눈으로 봤어요 고마워요 : 신뢰의 순간 사랑해요 : 믿음을 주는 나
91	사랑	사랑 표현하기	사랑은 줄 때 커집니다. 사랑은 멀리 돌아 다시 옵니다.	가까운 이에게 사랑 전하기	미안해요 : 사랑을 미뤘어요 고마워요 : 사랑의 순간 사랑해요 : 사랑하는 나
92	화합	함께 어울리기	화합은 조화의 힘입니다. 화합은 미소에서 시작됩니다.	함께 식사 나누기	미안해요 : 혼자이길 원했어요 고마워요 : 함께한 시간 사랑해요 : 화합하는 나
93	인내	기다림 배우기	인내는 기회를 키우는 시간입니다. 참을수록 마음이 넓어집니다.	줄 설 때 호흡하기	미안해요 : 조급했어요 고마워요 : 인내의 순간 사랑해요 : 참는 나
94	겸허	낮아지기	겸허함은 바람처럼 낮게 흐릅니다. 겸허함은 마음을 맑게 합니다.	오늘 낮춘 말·행동 적기	미안해요 : 교만했어요 고마워요 : 겸허의 순간 사랑해요 : 겸허한 나
95	이해	이해하기	이해는 상대를 품는 문입니다. 이해는 갈등을 풀어 줍니다.	상대 관점에서 생각해 보기	미안해요 : 나만 고집했어요 고마워요 : 이해받은 순간 사랑해요 : 이해하는 나
96	기다림	조급함 내려놓기	기다림은 씨앗이 자라는 시간입니다. 기다림 속에서 열매가 맺힙니다.	줄 서며 호흡하기	미안해요 : 성급했어요 고마워요 : 기다림의 순간 사랑해요 : 기다리는 나
97	협력	함께하기	협력은 힘을 모으는 길입니다. 함께할 때 길이 넓어집니다.	공동 작업 참여하기	미안해요 : 혼자 하려 했어요 고마워요 : 협력의 순간 사랑해요 : 함께하는 나
98	동행	함께 걷기	동행은 외로움을 녹입니다. 함께 걸을 때 길이 즐겁습니다.	산책 동행 구하기	미안해요 : 홀로 고집했어요 고마워요 : 동행해 준 사람 사랑해요 : 함께 걷는 나

99	작은 선물	마음 전하기	작은 선물은 큰 기쁨을 줍니다. 선물은 사랑의 씨앗입니다.	작은 선물 준비하기	미안해요 고마워요 사랑해요	: 마음을 전하지 않았어요 : 받은 선물 : 선물하는 나
100	새벽	하루의 시작 알기	새벽은 새로운 시작입니다. 새벽의 고요가 마음을 씻어 줍니다.	새벽 5분 호흡	미안해요 고마워요 사랑해요	: 시작을 놓쳤어요 : 새벽의 순간 : 새롭게 시작하는 나
101	저녁 노을	하루 마무리하기	저녁노을은 하루를 품는 빛입니다. 노을은 감사의 색입니다.	저녁 하늘 바라보기	미안해요 고마워요 사랑해요	: 마무리를 대충했어요 : 노을의 순간 : 오늘을 마무리하는 나
102	바람	바람 느끼기	바람은 멈추지 않고 흐릅니다. 바람처럼 나도 흘러갑니다.	바람 쐬며 산책	미안해요 고마워요 사랑해요	: 갇혀 있었어요 : 바람의 순간 : 흐르는 나
103	강물	흘러가기	강물은 멈추지 않고 나아갑니다. 흐름 속에 자유가 있습니다.	강가 걸으며 관찰	미안해요 고마워요 사랑해요	: 막으려 했어요 : 흐름의 순간 : 흘러가는 나
104	나무	뿌리 내리기	나무는 뿌리로 버팁니다. 뿌리가 깊을수록 흔들리지 않습니다.	나무 아래 앉아 호흡	미안해요 고마워요 사랑해요	: 흔들렸어요 : 나무의 순간 : 뿌리 105내린 나
105	새싹	새로 돋기	새싹은 작아도 힘이 있습니다. 새싹은 희망의 시작입니다.	화분 바라보기	미안해요 고마워요 사랑해요	: 새로움을 못 봤어요 : 싹튼 순간 : 자라나는 나
106	별빛	별 바라보기	별빛은 어둠 속에서도 빛납니다. 별은 길을 잃은 마음을 이끕니다.	밤하늘 별 보기	미안해요 고마워요 사랑해요	: 어둠만 봤어요 : 별빛의 순간 : 빛나는 나
107	달빛	달빛 느끼기	달빛은 고요히 마음을 비춥니다. 달빛은 쉼의 빛입니다.	창밖 달 보기	미안해요 고마워요 사랑해요	: 달을 놓쳤어요 : 달빛의 순간 : 달빛 닮은 나
108	무지개	무지개 떠올리기	무지개는 폭풍 뒤에 나타납니다. 무지개는 희망의 다리입니다.	무지개 그림 그리기	미안해요 고마워요 사랑해요	: 폭풍만 봤어요 : 무지개의 순간 : 희망을 잇는 나

●

흘러가는 물은
과거를 붙잡지 않고
미래를 서두르지 않습니다.
당신도 그렇게 흘러가며
맑아지기를 바랍니다.

- 마가

어른이 되는

흐름의 기술

**힘든 감정을 흘려보내고
마음의 주인으로 사는 법**

ⓒ 마가, 2025

2025년 12월 17일 초판 1쇄 발행

지은이 마가
발행인 **박상근(至弘)** • 편집인 류지호 • 편집이사 양동민
책임편집 **최호승** • 편집 김재호, 김소영, 양민호, 정유리, 이란희, 이진우 • 디자인 쿠담디자인
제작 김명환 • 마케팅 김대현, 김대우, 이선호, 류지수 • 관리 윤정안
콘텐츠국 유권준, 김희준
펴낸 곳 불광출판사 (03169) 서울시 종로구 사직로10길 17 인왕빌딩 301호
  대표전화 02) 420-3200 편집부 02) 420-3300 팩시밀리 02) 420-3400
  출판등록 제300-2009-130호(1979. 10. 10.)

ISBN 979-11-7261-224-5 (03220)

값 20,000원

잘못된 책은 구입하신 서점에서 바꾸어 드립니다.
독자의 의견을 기다립니다. www.bulkwang.co.kr
불광출판사는 (주)불광미디어의 단행본 브랜드입니다.